清东陵风水形势图

顺治皇帝孝陵全景

孝陵石像生

康熙皇帝景陵大殿

乾隆皇帝裕陵

裕陵地宫

咸丰皇帝定陵前景

慈禧陵

同治皇帝惠陵

孝庄文皇后昭西陵

雍正皇帝泰陵前景

泰陵陵寝前门

嘉庆皇帝昌陵前景

道光皇帝慕陵前景

光绪皇帝崇陵前景

清代皇陵

速读中国史

从帝王皇陵看清朝历史

李寅 著

台海出版社

图书在版编目（CIP）数据

速读中国史 : 清代皇陵 / 李寅著 . -- 北京：台海
出版社，2021.6

ISBN 978-7-5168-3020-8

Ⅰ.①速… Ⅱ.①李… Ⅲ.①陵墓—中国—清代—图
集 Ⅳ.① K928.76-64

中国版本图书馆 CIP 数据核字（2021）第 099655 号

速读中国史 : 清代皇陵

著　　者：李　寅			
出 版 人：蔡　旭		责任编辑：吕　莺	

出版发行：台海出版社

地　　址：北京市东城区景山东街 20 号　邮政编码：100009

电　　话：010-64041652（发行，邮购）

传　　真：010-84045799（总编室）

网　　址：www.taimeng.org.cn/thcbs/default.htm

E - m a i l：thcbs@126.com

经　　销：全国各地新华书店

印　　刷：天津旭非印刷有限公司

本书如有破损、缺页、装订错误，请与本社联系调换

开　　本：710 毫米 × 1000 毫米　　1/16

字　　数：247 千字　　　　　　　印　张：16.5

版　　次：2021 年 6 月第 1 版　　印　次：2021 年 7 月第 1 次印刷

书　　号：ISBN 978-7-5168-3020-8

定　　价：58.00 元

上篇　清东陵系列

下篇　清西陵系列

雍正皇帝陵寝

嘉庆皇帝陵寝

上篇

清东陵系列

顺治皇帝陵寝

清东陵是被十四岁的孩子勘出来的？

古代帝王建陵，需要选择"风水宝地"。

明代的风水师项乔在《风水辩》中写道："所谓风者，取其山势之藏纳……不冲冒四面之风与，无所谓地风者也。所谓水者，取其地势之高燥，无使水近。夫亲肤而已。"即避开寒冷的北风，避开水的侵扰，是无风、无水的意思。实际上，还要有"风"有"水"，但又要躲着点儿，就这么矛盾。

关于帝王陵寝的选址，更是如此。一般来说，要实现这个目的，陵寝要选择山之阳，以挡风避水。实际上，选址并非这么简单，它有很多要素需要和谐、统一起来，古人说过一句话："三年求地，十年定穴"，即三年才能找到一块"风水宝地"，十年才可以确定建陵的穴位，由此可见选址的辛苦。

清东陵的"风水"绝佳，表现在很早就有"风水大师"对其进行了神奇的描述。

不过，据说清东陵这样一处"风水"绝佳的吉地，却是一个小孩儿选择的。

乾隆皇帝在《恭谒孝陵》中这样写道："鼎湖亲卜吉，昌瑞万年基。"他说，昌瑞山这处"风水宝地"是顺治皇帝亲选的。"鼎湖"指的是顺治皇帝。顺治八年

清东陵风水形势图

的时候，选择了这处宝地，那一年他十四岁。这就很奇怪了，堪舆本是"风水大师"做的事情，小小少年顺治皇帝怎么做到的呢？

清人昭梿所著的《啸亭杂录》里，有这样一段记载：

"章皇尝校猎遵化，至今孝陵处，停跸四顾，曰：'此山王气葱郁非常，可以为朕寿宫。'因自取佩韝掷之，谕侍臣曰：'韝落处定为佳穴，即可因以起工。'后有善青鸟者，视邱惊曰：'虽命我辈足遍海内求之，不克得此吉壤也。'所以奠我国家万年之业也。"

讲述顺治皇帝从北京出发，带领文武百官、王公大臣、"风水术士"，登上遵化凤台岭，看到郁郁葱葱的植被以及起伏有序的山峦，便抛环定穴，把佩戴在大拇指上的扳指取下，顺势扔了下去，说道："扳指落下的地方，就是将来陵寝的穴位。"顺治皇帝这么随手一扔板指，就把"风水大师"十年才能完成的事情做完了，确定了"万年吉地"。这是真的吗？

查继佐在《罪惟录》中这样记载：

"崇祯初年，遍求天寿无吉壤，至十三年，始召刘诚意孔昭及张真人甲，协视地，得蓟州凤台山。云地善而难得治陵起工之吉，吉在甲申以后，不及事。"

这段话说得很清楚，这块"风水宝地"的初选人正是明朝"风水大师"刘伯温的后代刘孔昭选的。不过，天意弄人，崇祯帝没来得及使用，明朝就灭亡了，于是这块"风水宝地"连同万里江山一起拱手让给了清朝帝王。

梁份的《帝陵图说》中也记载："烈皇帝即位，欲卜山陵，天寿山更无可卜，有别营建遵化之议，国家多事，遂寝。"印证了查继佐的说法，坐实了明人选择陵寝的真相。

也就是说清东陵这块"风水宝地"是明朝的"风水大师"刘孔昭选择的；匡正了乾隆皇帝的说法。崇祯帝无福享受，明朝不仅把天下交给了清朝，"万年吉地"也一并交给了清朝。

顺治八年（1651年），顺治皇帝再次带领钦天监官员杨宏亮、杜如预勘测这处"宝地"，最终选址并确定下来。

孝陵：清代帝王陵墓之"最"

清朝的陵墓有五处，关外三处，均位于辽宁省。

一处为永陵。永陵是清朝皇帝的祖陵，位于辽宁省新宾满族自治县永陵镇西北启运山脚下。陵内葬有努尔哈赤的六世祖猛哥帖木儿及其嫡福晋；曾祖福满及其嫡福晋；祖父觉昌安及其嫡福晋；父亲塔克世和母亲喜塔拉氏；以及伯父礼敦、五叔塔察篇古等人。永陵始建于明万历二十六年（1598年），后金天聪八年（1634年）称兴京陵，清顺治十六年（1659年）尊为永陵。

一处为福陵。福陵位于沈阳东郊的东陵公园内，是清太祖努尔哈赤的陵墓，因地处沈阳东郊，故又称东陵。另有努尔哈赤的后妃叶赫那拉氏、大妃乌拉那拉氏等人葬于此处。

处为昭陵。昭陵位于沈阳北部，清朝第一代开国皇帝太宗皇太极的陵墓，因位于沈阳北部也称"北陵"。昭陵是清太宗皇太极以及孝端文皇后博尔济吉特氏的陵墓。昭陵除了葬有帝后外，还葬有麟趾宫贵妃、洐庆宫淑妃等皇太极的后宫佳丽。

入关之后，以北京为核心，营建了两处陵区——东陵和西陵。

东陵位于河北省遵化市西北三十公里处，占地八十平方公里。陵内埋葬着顺治皇帝、康熙皇帝、乾隆皇帝、咸丰皇帝和同治皇帝以及他们的十五位皇后、一百三十六位妃嫔、三位阿哥、两位公主，共计一百六十一人。

西陵位于河北省保定市易县梁各庄西十五公里处的永宁山下，离北京九十八公里。清西陵始建于雍正八年（1730年），内有雍正的泰陵、嘉庆的昌陵、道光的慕陵和光绪的崇陵，还有三座皇后陵。此外，还有怀王陵、公主陵、阿哥陵、王爷陵等共十四座陵。

在几百年的历史时空里，清王朝共营建了帝后妃陵寝二十九座。这么多帝后妃陵寝，唯独以顺治皇帝的孝陵为"最"，可谓一座"最陵墓"。具体概括如下：

第一，"风水"之最。

作为清朝入关后的首陵，孝陵达到了"龙砂穴水无美不收，形势理气诸吉咸

孝陵全景

备"的要求，是天人合一的典范。这里的中轴线以及山峦形势贯穿南北：金星山、影壁山、昌瑞山长达六公里的中轴线，在一条直线上；后靠以昌瑞山为中心，两侧山峦层层低下，对靠山呈拱卫之势；东西两条河流西大河与马兰河似两条玉带，缠绕两边……这种规范的"风水"形势，极难觅得。

第二，规制之最。

其一，"孝陵"之"孝"字，成为清陵的范本。清朝奉行"以'孝'治天下"，百事孝为先，首陵即取名"孝陵"奠定了这一根本。这也体现"清承明制"，因为明代首陵朱元璋的陵墓也取名为"孝陵"，可谓一脉相承。

其二，建筑规制的确定，为后世陵寝制定了规范。孝陵的建筑规制，反映出的原则是"清承明制"，在颜色、做法、功能等方方面面都反映出了这个原则。从最南端的石牌坊，向北依次营建，序列建筑以及功用，一如明代长陵。

其三，"天人合一"的建筑理念，实现建筑与环境的完美结合。清代的建筑大师们，按照帝王的要求，尽力追求"风水"上的尽善尽美，建筑上的精致宏伟，并使二者达到最完美的统一。

第三，建筑之最。

其一，最宽的石牌坊。清东陵孝陵石牌坊，五间六柱十一楼的结构，高度达到十二米，宽度达到三十一米，石质木结构的构造，历经康熙十八年（1679年）京师大地震和1976年唐山大地震而没有丝毫破损，反映出设计的高超；尤其是石牌坊的宽度，是全国之最。

其二，最长的神道。孝陵的神道起自石牌坊，向北逶迤而去，直达昌瑞山脚下的孝陵宝城前面，将昌瑞山、影壁山、金星山三山连为一体，构成了清东陵六公里的主体"风水"线。这么长的神道，在国内封建帝陵中是最长的。

其三，最大、最齐全的石像生。孝陵的石像生南北控制在八百七十米的主神道上，包括文臣、武士、马、象、狮、骆驼、麒麟、獬豸等，共有十八对，有卧有立，气势恢宏，是清陵中规模最大的。

其四，"会唱歌"的桥。孝陵主神路上，有一座"会唱歌"的桥。这座桥长

孝陵石像生

一百一十米，宽九米，栏板含有百分之五十以上成分不等的方解石，用硬物敲击栏板，会发出金属一样的声音，与中国古代"宫商角徵羽"类似，故称之为"五音桥"，被载入"中国十大名桥"名录。

从上述观之，清孝陵可谓清代帝王陵墓之"最"。

"顺治出家"的真相是什么？

很多人都听说过"顺治出家"的故事，年轻的顺治皇帝，到五台山出家当了和尚。顺治为什么不好好做他的皇帝，而要出家呢？这背后有什么难言之隐吗？

原来，顺治皇帝的出家念头源于一个女人，这个人就是董鄂妃。

董鄂氏（1639—1660年），满洲正白旗人，内大臣鄂硕之女。顺治十三年（1656年），董鄂氏入宫。关于董鄂氏入宫，有一种说法是与清初的一个制度有关系，这个制度就是"命妇入侍制度"。所谓命妇，就是"诰命夫人"。王公大臣的母亲、妻子，至少是在二品以上的官员正妻，才有此资格得到封赠。入侍就是进宫服侍；服侍的对象是太妃、皇太后、皇后等。但是，寻常日子，命妇并不进宫；只有重大节日，比如太后的圣寿节、皇后的千秋节、三大节等节庆日，命妇才入宫服侍。董鄂氏正

顺治皇帝绘董鄂妃像

是在这种情况下，在孝庄身边服侍的时候，见到了前来请安的顺治皇帝，两个年轻人一见倾心。当然，这只是一种说法。

董鄂氏进宫后，经历了大喜和大悲。

喜的是，董鄂氏进宫后的同年八月二十五日，被封为贤妃。仅一月有余，顺治皇帝以"敏慧端良、未有出董鄂氏之上者"为由，晋封她为皇贵妃。顺治十四年（1657年），董鄂氏产下一子，排行第四。顺治皇帝将其立为储嗣，并大赦天下，说此子为"朕之第一子"。

悲的是，董鄂氏和她的皇子命运多舛。这个孩子仅仅活了三个半月就殇逝了，他的死，给董鄂氏非常沉重的打击，她整日抑郁寡欢，茶饭不思，身形消瘦，直至病入膏肓。拖了两年，顺治十七年（1660年）八月十九日，董鄂氏因为孩子去世而悲伤过度，随之薨逝。至此，她在宫中生活了短短五年。

董鄂氏去世之后，顺治皇帝为她做了很多违制和不可思议的事情，这些都被一一载入史册：

1.不可思议地令大员抬棺材。董鄂氏出殡的时候，顺治皇帝居然令二三品大员为她抬棺材。那些养尊处优的王公大臣，怎么可能甘愿为一个小小的妃子抬棺呢？一时之间，舆论大哗。

2.不可思议地定谥号。董鄂氏病逝后，顺治皇帝破格追封其为皇后，拟定谥号为"献"字。可是，在礼臣拟定谥号全称的时候，顺治皇帝屡次出难题："先拟四字，不允。至六字、八字、十字而止，犹以无'天''圣'二字为歉。"

3.不可思议地为其作传。为了彰显孝献皇后董鄂氏的贤德、美言和嘉行，顺治皇帝命大学士金之俊撰写《孝献皇后传》，又令内阁学士胡兆龙、王熙编写《孝献皇后语录》。顺治皇帝还亲自动笔，撰写《孝献皇后行状》，洋洋洒洒达四千字。在当时，朝野上下就很惊诧。

4.不可思议地要进行殉葬。顺治皇帝欲将太监、宫女三十名悉行赐死为之殉葬，后来遭到阻止，才未能施行。实际上，殉葬之事清初有之，可这么多人殉葬，从未有过，即使是努尔哈赤、皇太极也没有这么多的人殉葬。

顺治皇帝失去挚爱，神志不清，他似乎忘记自己是一位大清皇帝。他做出了许多不理智的事情。

他绝食，水浆不进，甚至自杀，失败后，他想出家，并真的剃了发。

关于他的孝陵，有一个传闻：空券。由于顺治皇帝剃发的这个举动，传出了康熙皇帝上五台山寻父的故事；也正是这个传说，使得顺治皇帝的孝陵得以保存完整。盗贼以为顺治皇帝出家当和尚去了，地宫没有殉葬品，是空券。所以，顺治皇帝的孝陵一直没有被盗掘。

可是，堂堂大清皇帝真的出家了吗？

顺治皇帝有一个厉害的皇太后，这就是孝庄皇太后。孝庄太后思考再三，认为凭借自己的力量，是很难说服叛逆的顺治皇帝的。于是，她找了大和尚茆溪森的师父玉林琇，让他来给顺治皇帝做工作。玉林琇赶到北京，让徒弟们架起柴火来，威胁顺治皇帝，说如果皇帝不还俗，他就点上火把他的弟子茆溪森烧死。顺治皇帝一看，岂能因此而伤及无辜，便打消了出家的念头。

既然出家未成，孝陵地宫当然不会是空券。在董鄂氏去世四个月之后，顺治十八年（1661年）正月初七，身体虚弱、骨瘦如柴的顺治皇帝染上了可怕的天花，由于病势凶猛，顺治皇帝很快病逝，年仅二十四岁。他死后百日，遗体被火化，骨灰装进青花坛子，连同前后病逝的孝康、孝献的骨灰，一同葬进了孝陵地宫。

顺治皇帝像

"最不走心"的皇后，却是孝陵里"最幸福"的人

近年，在很多清宫剧中，比如《甄嬛传》《延禧攻略》《如懿传》等，可以看到成群的宫中女眷，一出又一出地上演着你死我活的"宫斗戏"。大家似乎有个共识：宫中后妃必须极有心机和谋略，要不怎么叫"攻略"呢？有好多女性观众会边看电视剧边问："她能活到第几集？"这反映出深宫的险恶，只有心机颇深的女人才可以活下来。可是，在顺治皇帝的后宫之中，却有一个女人，没什么心机，用现在的话说叫"不走心"，甚至可以称之为"傻"，但她不仅保住了皇后之位，而且很长寿，并跨越古稀之年。这个人就是孝惠章皇后，史上简称"孝惠"。

孝惠章皇后（1641—1718年），博尔济吉特氏，是科尔沁贝勒绰尔济之女，孝庄文皇后之侄孙，也是清世祖顺治皇帝第二任皇后。顺治十一年（1654年）五月入宫，被册

孝惠章皇后

立为妃；六月，继立为世祖的皇后。顺治十八年（1661年），康熙皇帝即位后，孝惠与康熙皇帝生母孝康章皇后两宫并尊，称母后皇太后，上徽号曰："仁宪皇太后。"康熙五十六年（1717年）十二月丙戌崩，年七十八岁，是清代在位时间最长的皇太后。

从档案分析，这个女人的性格很特殊，她是个"不走心"的女人。这个"不走心"的孝惠到底有着怎样的命运呢？她本人又有怎样的心态呢？

一是面对失败的婚姻"不走心"。她能够进宫，纯粹是被当成一个替身。顺治皇帝一意孤行，于顺治十年废掉了母后孝庄精心安排的中宫皇后，将其降为静妃，改居侧室。被废掉的皇后是孝庄的亲侄女，这是一桩纯粹的政治婚姻。孝庄想通过这个婚姻，将顺治皇帝牢牢控制在手里。

可是，顺治皇帝不喜欢，自大婚之后，二人一直处于分居状态；分居三载后，顺治皇帝上书太后要求废掉皇后，态度坚决。可是，孝庄并不甘心。一年后，顺治十一年（1654年），孝庄又把侄孙女弄进宫，成为顺治皇帝的中宫皇后，她就是孝惠。顺治皇帝同样与孝惠分居，直到顺治十八年（1661年），顺治皇帝去世，这个女人守了七年活寡。可是，孝惠并不理会，婚姻似乎和她没有关系，她好像完全置身事外一般。

二是面对"废后"的厄运"不走心"。顺治皇帝与孝惠分居，到顺治十五年（1658年），已经达到了三载，顺治皇帝故技重施，又提出"废后"的要求。不幸的是，这个时候的孝庄出了天花，在南苑"避痘"。孝庄听后表现得非常果断，她立即结束南苑"避痘"，回到紫禁城制止再次废后。顺治皇帝看到母后病弱的身体，取消了计划。不过，他还是把孝惠"中宫签奏"的权力取消了。从此之后，孝惠在宫中空守岁月，直到顺治皇帝驾崩，整整七年的漫长时光，她都是孤守空房。但是，孝惠泰然处之，并未曾与顺治皇帝发生激烈冲突。

是"不走心"保全了她，也正是这样的性格，使得顺治皇帝想废掉她，都下不去手。直到顺治皇帝去世了，康熙皇帝即位，她成了太后，也成了真正的寡妇，而此时她不过才二十一岁。

按说，孝惠与康熙皇帝不好相处，康熙不是她的亲生子，关系尺度不好把握。但这个"不走心"的女人，却表现出高超的智慧。她放低姿态，什么也不争；善待皇帝，礼貌回敬皇帝的问候，母子之间其乐融融；知足常乐，把皇帝的好处挂在嘴边，比如她经常说："我太知足了！皇帝太孝顺了，比亲生的还亲。"

孝惠运气也挺好。康熙皇帝八岁丧父，十岁丧母，孤儿一个，特别需要母后的亲情，孝惠恰巧填补了这个空白。康熙皇帝非常孝顺，视她为生母一般。看看康熙皇帝都做了什么：

第一，为她修葺新宫。康熙二十八年（1689年），康熙皇帝看到宁寿宫很破旧，便下旨为她修建宽敞的新宫。

第二，为她隆重祝寿。孝惠六十大寿的时候，康熙皇帝亲作《万寿无疆赋》，并令御膳房数一万粒米做成"万国玉粒饭"；七十大寿的时候，康熙皇帝居然为之

孝东陵

跳"蟒式舞"助兴，要知道他此时已经年近花甲。

第三，为她排忧解难。为了排解孝惠的寂寞，康熙皇帝将自己的五阿哥允祺交给她抚养。孝惠经常牙疼，尤其是年长掉牙后更疼，康熙皇帝便给她讲笑话，缓解疼痛。他说："年长的人牙疼，甚至掉牙，对完备小孩子健康，子孙兴旺有益。"孝惠破涕为笑。康熙皇帝总惦记这个嫡母，凡是外出，看到好玩的、好吃的都要带回来，孝敬她。

第四，为她建陵。康熙皇帝为她修建了典制大备的孝东陵。孝东陵实际上是清朝第一座真正意义上的皇后陵，黄瓦红墙，也是明清以来第一座皇后陵，体现了康熙皇帝对嫡母的孝顺。

第五，置于生母之上。孝惠死后，朝臣上书康熙皇帝，要求在排顺序的时候，将康熙皇帝的亲生母亲孝康章皇后排在孝惠前面。康熙皇帝严肃予以反对，以孝惠乃前朝正宫而成为嫡母，所以，孝惠必须排在生母孝康章皇后之前，令那些想讨好他的大臣极为尴尬。

这个女人，在深宫中，面对非亲生的皇帝，幸福地度过了五十七年寡居的太后生活，比丈夫在位时还要幸福，最终以七十八岁的高龄去世。她的"不走心"，保全了自己；也是"不走心"，让她在丈夫死了之后，把许多事情"置身事外"，最后反倒生活得更加幸福。

殉葬，换来陵寝里的重要葬位

在孝东陵里，共葬有顺治皇帝后妃二十九人，孝惠章皇后居中，在明楼下大宝顶内，两侧是其他的二十八位嫔御。除了孝惠之外，其他人都默默无闻，很少有人知道她们姓甚名谁。可是，在西边内侧最北边的一个宝顶下面，埋葬的一个女子，却非常引人注目，在当时，她就引起过很大的关注，这个人就是贞妃。

贞妃，董鄂氏，满洲正白旗人，一等轻车都尉巴度女，也就是说她出生于一个三品武职之家，也算是一个贵家小姐了。可是，董鄂氏进宫后，却遭遇了前所未有的尴尬。

一是没有名号。顺治皇帝没有给她任何名分，直到顺治皇帝去世，她还都是没有名号。

二是皇帝不予理睬。董鄂氏嫁给顺治皇帝后，日日孤守空房，因为顺治皇帝不去她那里；而和她同姓的本家女子董鄂妃则独宠后宫，不仅封号迅速"晋升"，还生育了一个皇子。两者相较，有天壤之别。

三是没有生育。顺治皇帝活了二十四岁，有后妃三十二位，生育了十五个子女。董鄂氏眼看着身边的嫔御一个个生了孩子，自己却膝下无子无女，甚感凄凉。

孝东陵方城明楼、宝顶

　　顺治十八年（1661年）正月初七，冷宫中的她突然听到一个炸雷一样的消息：顺治皇帝驾崩了！董鄂氏震惊之余，头脑飞速运转，她猛然间意识到这对自己来说，是一个千载难逢的机会，一个可以改变自己的命运，让人记住自己的机会。这究竟是怎样一个机会呢？

　　是殉葬。清朝入关前后，一直奉行殉葬制度。董鄂氏决定抓住这个机会，她以五尺白绫结束了自己年轻的生命。

　　当董鄂氏殉葬的消息传出后，孝庄非常欣慰，她对董鄂氏大加奖赏。

　　第一，封董鄂氏为"贞妃"。《清列朝后妃传稿》这样记载："非进嘉称，曷彰淑德？谨以金册尊为'贞妃'。"

　　第二，与皇帝一起出殡。出殡的时候，贞妃的棺材外罩紫缎，与顺治皇帝棺材一前一后，并驾齐驱，俨然夫妻一般。

第三，葬位排序重要。康熙五十七年（1718年），贞妃被移葬进孝东陵，清朝给予她尊贵而显赫的葬位，位处西边内侧第一位。

康熙皇帝陵寝

景陵烧起的离奇大火

　　康熙的陵寝称为"景陵"，它的营建是在一个特定历史背景下开始的。当时正值"三藩之乱"，平西王吴三桂、平南王尚可喜、靖南王耿精忠等清朝初期三个藩镇王发起的反清事件。

　　另一边，是康熙皇帝中宫皇后赫舍里氏难产身亡。康熙十三年（1674年）五月初三，赫舍里氏临盆待产，正在此时，康熙皇帝决定处决吴三桂之子吴应熊，以警告吴三桂。可是，吴应熊是额驸，建宁公主仗剑闯宫，大吵大闹，刺激到了赫舍里氏，导致难产，生下皇子后，大出血身亡。

　　皇后去世后，梓宫停放在暂安处。人以入土为安，陵寝修建迫在眉睫。康熙十五年（1676年），景陵开工建设；至康熙二十年（1681年），主体工程基本结束。

　　康熙皇帝的景陵有一个奇怪的现象，那就是大火频发。东陵陵寝很多，唯独景陵大火特多。其中，有一次大火发生的还很离奇，让人感到很诧异。

　　这次大火发生在光绪三十一年（1905年）二月二十日，隆恩殿起火，大殿全部被烧毁。东陵从来没有发生过这么大的火灾。发生这么大的事情，按说是要赶紧上报朝廷。可是东陵守护大臣却不敢上报，因为怕杀头啊！这么重要的建筑被烧毁了，那可是要掉脑袋的。

景陵大殿全部被烧落架。大殿是陵寝的主要建筑，面阔五间，进深三间，壮丽得很。康熙大帝、孝诚皇后、孝昭皇后、孝懿皇后、孝恭皇后和敬敏皇贵妃共六位的神位牌也一并被毁。同时这次大殿失火，还波及了其他建筑。大火燃烧后，先是殃及了东西配殿，把两个配殿的琉璃瓦烤黑，门窗烤着，几乎都要被毁掉；大殿后面的三座琉璃门也损失巨大，琉璃件被烤坏，隔扇门被完全烤着了，整个琉璃门于大火中损毁。

细分析这次大火，有两点最为奇怪。

一是起火时间奇怪。封建社会的古建筑由于没有避雷设施，很容易在雨季被雷火击中而起火，这在北方很普遍。但是当时是旧历二月二十日，这个季节北方不会打雷，不打雷就没有雷击起火的可能。不是雷击起火，怎么能把这么大的一个大殿

景陵大殿

烧毁呢？这就非常奇怪了。二是起火地点奇怪。按常理，大火都是从地面开始着，但这次大火却是从房檐突然着起来的。

谁都解释不清到底是什么原因导致的这场大火，不过，当时产生了两种可怕的传闻，一些人神乎其神地对此进行了解释。

一种传闻说这是一个可怜女人的报复行为。当年康熙皇帝在皇后赫舍里氏临死前，向她承诺要立他们两个的孩子之一胤礽为皇太子，可是后来，康熙皇帝违背了他的诺言，把太子废掉了，不仅如此，康熙皇帝还把太子关进了大牢，因此赫舍里氏要替太子申冤，要康熙皇帝为违背自己当年的诺言付出代价，于是，赫舍里氏施法术烧毁了景陵大殿。

另一种传闻则说这是一个千年灵兽的报复行为。当年康熙皇帝得罪了景陵所在地的一只灵兽而遭到了报应。景陵在建造之前，本是一片沼泽，有一只千年造化的大龟世代生活在那里。康熙十五年（1676年），康熙皇帝为了让赫舍里氏早日入土为安，选择了这块地方，赶走了那只千年灵兽，占用了它的地盘。灵兽能满意吗？所以，人们认为这场大火是那只灵兽对康熙皇帝的报复。

那么，真相到底是什么呢？极有可能是那些守陵人所为。

这些人怎么敢做出如此大逆不道的事情来呢？他们的动机又是什么呢？要弄清这件事情，我们先来看一个发生在故宫里的故事。

1923年6月26日晚上9点多钟，北京紫禁城中建福宫西花园突然起火。这次大火，共烧毁房屋三百多间，损失的物品，有大藏经，数千件大小金佛等大量金器，还有好多历代名人书画等等。为什么会发生这么大的火呢？有一种普遍的说法是太监放火。大火发生之前，溥仪曾接受师傅庄士敦的建议，清点宫内藏宝。因为宫内太监经常偷盗珍宝，到外面古玩店抵押变卖，甚至在溥仪结婚当天，婚礼刚刚完毕，皇后凤冠上的珍珠玉翠就整个被换成了赝品。平日发生的盗宝事件就更多了。谁承想建福宫的清点刚刚开始，大火就发生了。办案人员怀疑这场大火是不法太监所为，目的是趁乱销毁证据。

景陵大殿的火灾和建福宫失火的原因非常相似。因此，很有可能是在里面看守的守陵人所为。守陵人世代接受皇家恩典，过着优渥的生活，按说不应该做出这种事。可是，有些守陵人并不满足，尤其是皇家的那些金银财宝，深深吸引着他们，于是他们想方设法得到这些珠宝。这些人平时可能偷过景陵的祭器，为了掩人耳目，或者怕被人察觉，便放了把火，把大殿给烧了，这下子是谁偷盗也查不出来了。

"稀世之珍"害康熙皇帝被劈棺扬尸

康熙皇帝朝服像

大家都知道，康熙皇帝功绩卓著，可谓是"齐家、治国、平天下"的光辉典范。他在位的六十一年间，开疆拓土，平叛攘外，与民休息，发展经济，开启了中国封建社会最后一个盛世——"康乾盛世"。

康熙皇帝生前做了一件非常大的错事，如果他知道自己死后的遭遇，一定会懊悔不已。那么，究竟是什么错事呢？

康熙皇帝在去世之前，留下遗嘱，要把一件稀世之珍陪葬在自己棺材里面。

这件稀世之珍就是九龙玉杯。康熙皇帝十分喜欢这只玉杯。这只玉杯为长方体形，高三厘米，宽四厘米，长六厘米；相传其玉名叫作温凉玉，严冬腊月用手一摸是温和的；酷暑炎夏用手一摸是清凉的；斟满了酒不烫自温；酒里如果有毒，玉色会变黑。玉杯通体白璧无瑕、透明细腻、工艺精巧、玲珑剔透。杯子一侧有把手，上面伏着一条龙，龙嘴正好衔着杯沿，做吸水状；杯子的四角上，各雕二龙戏珠一对；杯盖上还有九条暗龙。每当斟满了酒，杯中会现出九条明龙与九条暗龙上下翻腾、嬉闹于江海之中的景象，堪称无价之宝……

由于九龙玉杯名声大噪，陪葬后多次招来盗贼。

江洋大盗杨香武曾三盗九龙玉杯，有一部京剧折子戏就叫作《杨香武三盗九龙杯》。清灭亡后，尤其是1928年孙殿英盗陵事件后，一些盗匪纷纷盯上了康熙皇帝的景陵，目的就是为了盗开景陵地宫，得到这件稀世之珍。

1945年，土匪头子王绍义和张尽忠盗掘景陵，其目标非常明确，盗取九龙玉杯。

王绍义，蓟县大平安村人，土匪。张尽忠，东陵西沟村人，经历比较复杂。是盗景陵的主犯。

他们两个召集了近千人的队伍，带着炸药，开进了景陵。景陵地宫结构十分坚固，盗匪们在王绍义的指挥下，用炸药炸地宫，用了几天时间才炸开一道石门。后来在盗掘地宫的过程中，土匪们有两次惊悚的遭遇，以为是景陵地宫里面有机关暗器，保护着这只珍贵的九龙玉杯。

一是"毒水银"。他们刚进入地宫的时候，看到了地宫里面有一团黑亮的液体，偶尔还动一下，因为没有灯，看不清楚。当时盗贼都不敢下去，惧怕是康熙皇帝有意布置的毒水银，用此来保护地宫里面棺材的安全。后经过仔细分析，才知道原来是景陵地宫渗水了。

二是棺材里喷出火。进入地宫后，匪徒们奋力砸开那个最大的棺材，他们知道那一定是康熙皇帝的棺材。两个年轻力壮的小伙子，挥舞着斧头劈向棺材，结果就只劈出一个白点，根本劈不开。于是，他们又找来了一把大锯，使足了力气，锯大棺材。当他们奋力锯棺将要打开的一刹那，意外发生了：从棺材之中居然喷出了一团大火，这团火就像一个圆球一样窜出来，直接扑向锯棺的那两个人，很快烧着了他们的脸和身上的衣服，他们吓得赶紧扔下大锯。当他们第二次再锯的时候，棺材居然再次喷出火来，又烧着了盗贼的脸。

这是什么火，难道是机关暗器吗？

这股奇火，有的说是机关暗器，也有的说是磷火，莫衷一是，至今仍是一个难解的谜团。据判断，应该是磷火，因为尸骨中含有磷成分，与锯齿碰擦，产生火花进而导致喷火。

但不管怎么样，这群土匪如愿以偿，得到了梦寐以求的九龙玉杯。于是，一件稀世之珍流入民间，再也没了踪迹……

康熙皇帝因为太过喜爱九龙玉杯用它陪葬，结果玉杯被盗，自己也落得个被劈棺扬尸的可悲下场。如果他泉下有知，不知道会不会后悔自己当初的决定。

康熙皇帝与他的三位短寿皇后

在康熙皇帝后宫之中，有三个位高权重的女人。

这三个女人是康熙皇帝的三位中宫皇后：孝诚皇后赫舍里氏、孝昭皇后钮祜禄氏、孝懿皇后佟佳氏。

这三位皇后入宫都很早，入宫最早的是孝诚皇后赫舍里氏，她和康熙同岁，康熙四年（1665年），赫舍里氏入宫，年十二岁。康熙十三年（1674年），孝诚皇后去世，年仅二十一岁。

孝昭皇后死于康熙十七年（1678年），资料中没有记载她的生年，所以，需要推断一下她的年龄。这一年，康熙皇帝二十五岁，因此，孝昭皇后年龄不会超过二十五岁。同样地，孝懿皇后死于康熙二十八年（1689年），这一年康熙皇帝三十六岁，孝懿皇后的年龄应

孝诚仁皇后像

该不足三十六岁。这样看来，这三位皇后的寿数，一个二十一岁，一个不到二十五岁，一个不到三十六岁。我们不妨查阅下史料，看看这三个女人到底都是怎么死的。

一是孝诚皇后之死。赫舍里氏十二岁嫁给小自己几个月的康熙皇帝，他们二人感情很好。那她究竟是怎么死的呢？考证历史，我们发现她应该死于惊吓。

1.假"朱三太子"举火事件。在孝诚皇后的临产期，假"朱三太子"杨起隆在京举火起事，消息传来，京城百姓都要逃难，这使得孝诚皇后受到惊吓。

2.建宁公主仗剑闯宫事件。在孝诚皇后临产之际，"三藩王"蠢蠢欲动，不断惊扰朝廷。康熙十三年（1674年）三月，靖南王耿精忠在福建造反，平西王吴三桂更是不断恫吓朝廷，四月，康熙皇帝不得不杀死吴三桂之子吴应熊、之孙吴世琳。建宁公主，皇太极十四公主，仗剑闯宫，企图救出丈夫和爱子，大呼小叫，威胁孝庄和康熙皇帝，刺激了孝诚皇后。

正是由于上述原因，导致孝诚皇后难产。其实，孝诚皇后这次生育，已经是第二次了。第一次是康熙八年（1669年），生下承祜，那年她十六岁，生产过程很顺利，不过，承祜只活了不到四岁就死了。按理，女子生二胎，有第一次的经验，不应该难产，可是，这次由于皇后受到了意外的刺激，竟然造成胎位不正，导致婴儿逆产，孩子出生了，孝诚皇后却因大出血死亡。

二是孝昭皇后之死。孝昭皇后是辅政大臣遏必隆的女儿，她的死又是怎么回事呢？根据史料记载，我们可以推测她应该死于巨大的压力。

1.父辈们的恩怨。四位辅政大臣索尼、苏克萨哈、遏必隆、鳌拜之间矛盾重重。谁家的女子立为皇后，都会成为众矢之的。当初，在索尼与遏必隆之间，究竟立谁家的女子为后，孝庄是经过深思熟虑的。可是，当孝诚皇后正位中宫后，遏必隆等极为不满。父辈们的恩怨，必然给后妃们带来巨大的心理压力，尤其是孝昭皇后，压力更大。

2.家父获罪。康熙八年（1669年），康熙皇帝清除了鳌拜集团，孝昭皇后的家父遏必隆作为鳌拜的党羽而获罪。他的获罪必然牵连到皇后，虽然后来遏必隆获得了宽宥，但是，当时孝昭皇后的心境可想而知。

3.没有生育。孝昭皇后入宫多年，却没有生育儿女。由于没有生育，她的内心一方面歉疚于康熙皇帝，另一方面会为自己的前途担忧。所以，孝昭皇后虽然最终当了皇后，但是由于上述种种压力，也只做了半年皇后，便香消玉殒。

三是孝懿皇后之死。她的死因是伤心过度，因为她年幼的女儿夭折了。

佟佳氏是康熙皇帝生母孝康章皇后的侄女，也就是说她实际上是康熙皇帝的亲表妹，典型的姑舅亲。康熙二十二年（1683年），佟佳氏生了

孝昭仁皇后像

一位公主，即皇八女。但这个孩子仅仅活了一个月就死了，这给了佟佳氏非常沉重的打击。此后，佟佳氏再也没能拥有自己的孩子。为了排解心绪，后来，她不得不抚养了德妃的儿子胤禛。可以想见，很喜欢小孩的佟佳氏，没有自己的孩子，心情一直是很忧郁的。康熙二十八年（1689年）七月初九，就在佟佳氏晋升为皇后的第二天，她死了，也就是说，她只做了一天皇后。

康熙皇帝的三位至尊至贵的皇后，都很短寿。她们的死各有原因，但康熙皇帝却固执地认为和自己有关系，他认为自己的皇后寿命都不长，是自己"克后"造成的。经过思考，康熙皇帝痛下决心：不再封后。从康熙二十八年（1689年）孝懿皇后佟佳氏去世，到康熙六十一年（1722年）康熙皇帝六十九岁去世，后宫之中始终没有中宫皇后，时间竟然长达三十三年！

景陵地宫中的"不速之客"

　　康熙皇帝是要葬到景陵的，能够葬在这里面的女人，等于是和皇帝合葬。按照康熙皇帝的思想，和他合葬景陵地宫的人，一定要符合以下三个条件。

　　一是等级要够高。清宫后妃一共分为八个等级：皇后、皇贵妃、贵妃、妃、嫔、贵人、常在和答应，只有皇后才可以和皇帝合葬，其他人是不作考虑的。

　　二是要非常受宠。合葬的人一定是康熙皇帝宠爱的皇后，不得宠的女人即使是中宫皇后，也是不行的。

　　三是一定要死在皇帝地宫关闭之前。皇帝地宫是由四道石门和九个券堂组成的，皇帝死后，过一年左右，停灵结束，就要选择黄道吉日入葬地宫，葬礼一结束，就要关闭地宫的四道石门，永远不能再开启了，这叫"卑不动尊"。所以，那些死在地宫关闭之后的皇后不能和皇帝合葬。

　　可是，却有一个女人例外，这个女人不是什么皇后，仅仅是一个小妃子；而且，她的出身很低微，父亲只是一个低级的军官，按理说，无论如何她也不能和康熙皇帝葬到一起的。可是，她却被人安排葬到康熙皇帝的地宫之中，成为景陵地宫中的"不速之客"。

这个神秘的女人就是康熙皇帝的敏妃章佳氏。章佳氏的父亲海宽是一个参领，正四品的武职。章佳氏曾经一度很受宠，有过三次生育：康熙二十五年（1686年）生胤祥，康熙二十六年（1687年）生十三女，康熙三十年（1691年）生十五女。这表明这段时间，章佳氏很得宠。可是，她生前连封号都没有，死后才被追封为妃子。所以，她死之后，康熙三十八年（1699年）被康熙皇帝追谥为"敏妃"，葬入妃园寝之中。

在敏妃丧事活动中，康熙皇帝还因事惩罚了胤祉。胤祉是康熙皇帝的第三子，在敏妃丧期百日内，他因剃头遭到康熙皇帝惩罚，郡王爵位被削。康熙皇帝还重重惩处了王府的事务官和长史，他们或被锁拿，或被革职，枷号，鞭一百。

可是，敏妃死后二十四年，雍正皇帝想起了她，将她连升两级，由妃子升为皇贵妃；并把她的棺材从地宫中起了出来，堂而皇之地葬到景陵地宫之中。这又是怎么回事呢？

原来是敏妃的一个孩子为她挣来了地位，这个孩子就是怡亲王胤祥。康熙皇帝有三十五个儿子，为了争夺皇位，他们各施本领，竟然闹出了"九子夺嫡"。为夺皇位，弟兄反目，各树党羽。胤祥追随雍正，后来，雍正在皇位竞争中大获全胜，重用胤祥，想出了这个办法：把他的母亲提格，葬入皇帝地宫之中。

章佳氏于是成为景陵地宫中的"不速之客"；她本人也没有想到，多年后自己会享有如此殊荣。

胤祥像

康熙这两位妃子的陵墓为什么是乾隆建的？

康熙皇帝对他的妃子们非常体贴，生前就为她们建好了妃园寝，为每个人划定位置，免去了她们的后顾之忧。可是，景妃园寝中却没有两个妃子的陵墓，一时之间传出了一个说法。

这两个女人是一对亲姐妹，而且和康熙皇帝是同胞兄妹，由于姐俩长得国色天香，康熙皇帝很是喜爱，就想纳姐俩为妃。但无论康熙皇帝说什么，姐俩就是不愿意。康熙皇帝十分恼怒，给姐俩下了最后通牒：你们只有两条路可走，一是从了我，享受荣华富贵的生活；二是不从，那就只有死路一条了。姐俩至死不从，最后，从容赴死。野史中曾有人这样讽刺康熙皇帝："头戴飞禽帽，身穿走兽衣。父子不成性，姐弟成夫妻。"说的就是康熙皇帝这种传说。自然，这两个女子也没有葬身之所，因为盛怒的康熙皇帝是不会给她们修建陵寝的。

当然，这只是一个传说而已。

那么，这两个妃子的真实身份如何呢？她们一个是悫惠皇贵妃佟佳氏，她的身世可是不得了，她的姑姑是康熙皇帝的亲生母亲孝康章皇后，姐姐是康熙皇帝的皇后孝懿皇后。实际上，这姐俩和康熙皇帝是兄妹关系，同时进宫，亲上加亲，非常

景陵皇贵妃园寝前景

得宠。康熙二十八年（1689年），姐姐孝懿皇后去世后，妹妹在宫中失去了坚强的后盾，由于一个孩子也没有生，只好在宫中空守岁月。另一个是悖怡皇贵妃瓜尔佳氏，她的父亲是一个三品的武官，她比康熙皇帝小三十岁，生育过一个公主。

这两个妃子对康熙皇帝来说很重要，按说应该在妃园寝安排有一席之地，而且必须是靠前的好位置。

可是，这两个人最终却被另外的人给"照顾"了，这个人就是她们的孙子乾隆皇帝。

皇帝的妃子墓，必须由皇帝自己来建。一般来说，一个皇帝只允许有一座妃子墓，妃园寝和皇帝陵同时开工，地点就在帝陵的周围或者附近，这是清朝皇家的一个规定，也就是说二位妃子必须和其他妃嫔葬到一起。

可是，乾隆皇帝作为孙子，却给奶奶建陵，这和他有什么关系，他为什么要越姐代庖呢?

原来，康熙六十一年（1722年），康熙皇帝应胤禛之邀游览雍王府，偶然见到了小乾隆，他非常喜欢这个孙子，想把他带进宫中培养。可是，当时的乾隆毕竟还是个小孩子，要有人带他啊，他的母亲是没有资格进入宫廷的。康熙皇帝思索半天，决定由悫惠和惇怡两位妃子来带小弘历。于是，祖孙之间便产生了感情。

就是这个原因，乾隆皇帝后来"徇私情""越祖制"，另建了一座本不该有的陵墓，来报答两位太妃的养育之恩。

乾隆皇帝先奏明太后，太后批准了；再下旨给大臣，按照典制承办。于是，大臣们在景陵的东南方，一处叫"七棵树"的地方点了穴位。乾隆皇帝在此为两位太妃修建了陵寝——景陵皇贵妃园寝。

另建陵墓，已经很不应该了。可是，乾隆皇帝仍不满足，在建景陵皇贵妃园寝

景陵皇贵妃园寝方城明楼

时，规制超越，成为清代妃园寝之最。

一是增建了丹凤朝阳陛阶石，丹陛石一般建在帝后陵，妃园寝无此建制。

二是增建了两座方城明楼，并分别在明楼内竖碑刻号：一刻悫惠皇贵妃园寝，一刻惇怡皇贵妃园寝。这是非常超越的建筑，给妃子建楼刻碑，是从来没有过的事情。

三是增建了东西配殿。按照陵寝建筑功用，东配殿是皇帝谒陵时临时休息之地，西配殿是帝后忌辰时喇嘛念经之地。由于皇帝一般不去妃园寝，所以妃园寝不应有东西配殿建筑。

本不该有的一座陵寝，规制如此超越，引来了后人许多争议。

"重见天日"的温僖贵妃

一般来说，妃子不会给人留下深刻印象。很少有人会记起皇帝的妃子，因为皇帝的妃子实在太多了。康熙皇帝有二三百名妃嫔，但现在要说的这个妃子却让人们不得不记住她，这个女人就是康熙皇帝的温僖贵妃钮祜禄氏。

钮祜禄氏可不是一般的女人，她有很多不凡之处。

首先是出身，这个女人出身高贵。

钮祜禄氏的父亲是遏必隆，后金"开国五大臣"之一的额亦都第十六子。顺治十八年（1661年），遏必隆与索尼、鳌拜、苏克萨哈三人同受顺治皇帝遗诏为辅政大臣，辅佐年幼的康熙皇帝。康熙十二年（1673年），遏必隆病重，康熙皇帝亲临府邸慰问，是年病逝，谥号"恪僖"。遏必隆去世后，他生前用过的刀被宫廷收藏，称之为"遏必隆刀"，后来乾隆皇帝和咸丰皇帝还曾以此刀壮威军前，使得遏必隆更加声名远播。

钮祜禄氏是孝昭皇后的同胞妹妹，孝昭皇后深得康熙皇帝宠爱。孝昭皇后虽为女子，但勤于书画，《清列朝后妃传稿》记载："钮祜禄氏览史披图，既媲徽于彤管，含章蕴美"，说的就是她不仅贤惠，而且知书达理。死后康熙皇帝为之隆重治

温僖贵妃宝顶

丧，并赋诗纪念。

其次是钮祜禄氏才貌俱全，宫内外俱称佳丽。

像姐姐一样，钮祜禄氏诗文俱佳，《清列朝后妃传稿》中说她"佩诗书之训声"，这在康熙皇帝后宫之中是少有的，也是康熙皇帝宠爱和信任她的资本。

钮祜禄氏还有一头秀发，长达一米二，乌黑亮丽。她梳头的方式很特别，不是梳成传统满洲女子的燕尾式，而是把一头秀发梳成两根长辫子，然后盘上去，用黑色丝网罩住，很像汉族女子出嫁后梳的发式。康熙皇帝非常喜欢她的这一头秀发装扮。

这样的钮祜禄氏令康熙皇帝宠爱有加，也使她收获颇丰。

一是生育了一对儿女。钮祜禄氏很得宠，康熙皇帝经常临幸她。她也很争气，有了两次生育。康熙二十二年（1683年），她生下皇十子胤䄉；康熙二十四年（1685

年），生下皇十一女。

二是位尊权重。康熙二十年（1681年）十二月，钮祜禄氏被康熙皇帝册封为贵妃，在宫中排行第二。康熙二十八年（1689年）七月初十，康熙皇帝第三位皇后佟佳氏病逝，后宫无主，便命钮祜禄氏贵妃主持后宫事务。从此之后，她在后宫之中位置最尊，一切宫闱事务悉听她调遣。直到康熙三十三年（1694年）十一月初三，她去世，前后有六年的时间，她履行着中宫皇后的职责。

钮祜禄氏去世，康熙皇帝十分悲痛，不仅仅是因为二人感情深厚，更主要的是她还很年轻。于是，康熙皇帝下旨，隆重操持贵妃的丧事。

1.辍朝五日。康熙皇帝本是非常勤政的帝王，御门听政，寒暑无间。可是，为了这个贵妃，他下旨辍朝五日，这在康熙皇帝的执政生涯中是罕见的。他规定宫中服丧事宜，命年仅十二岁的胤禩以及贵妃宫中所有太监、宫女一律截发辫，摘冠缨，穿孝服；另外，还命令三位皇子在丧期内穿孝服，其余皇子一律摘冠缨。

2.为贵妃上两字谥号。按照常规，清宫中的贵妃等级，在去世之后，仅上一个字的谥号，比如乾隆朝的忻贵妃、愉贵妃、婉贵妃、循贵妃、颖贵妃等等，都是一个字的谥号。钮祜禄氏去世后，康熙皇帝却给她上了两个字的谥号："温僖"，表

温僖贵妃地宫出土女龙袍

达出康熙皇帝对她的重视。

3.安排贵妃华服大葬。温僖贵妃穿着捻金线女龙袍下葬，还身盖织金四合如意万寿云龙纹棉被，头戴累丝金凤，项挂金质领约，珠光宝气。

2015年10月中旬，一些不法分子悍然盗掘温僖贵妃墓，地宫被掘开，贵妃的尸骨连同她华丽的葬衣被携出地宫；幸亏破案及时，珍贵文物被追缴，贵妃遗骨也被送回地宫之中。

从康熙三十三年（1694年）温僖贵妃去世，葬入地宫中，到2015年被盗掘，尸骨携出地宫，期间经历了三百二十一年，温僖贵妃做梦都无法想到，三百多年后，自己竟然以这样的方式"重见天日""走出地宫"！

唯一葬在妃园寝的小阿哥

清朝丧葬礼制中规定，皇陵之内只准进妃嫔，她们的子女不准进入。可是，在康熙皇帝景妃园寝中，除了四十八位妃子之外，还埋葬了一位小阿哥。

向来，无论哪个妃园寝，都不会葬阿哥或公主，不管是成年的还是未成年的，都不准进入妃园寝，从无先例。可是，景妃园寝却破了例，那么，里面埋葬的小阿哥是谁，他为何有如此特殊呢？

这位小阿哥就是康熙皇帝的十八阿哥胤祄。胤祄的生母王氏是一个汉族女子，她的父亲是知县王国桢。王氏是苏州人，约康熙二十三年（1684年），康熙第一次南巡时，将她带回宫中。对于王氏，康熙皇帝表现出两种截然不同的态度。

一种是宠幸。进宫之后的王氏一度很得宠，她接连生育了三位皇子：康熙三十二年（1693年）生十五子胤禑，康熙三十四年（1695年）生十六子胤禄，康熙四十年（1701年）生十八子胤祄。康熙五十七年（1718年），王氏被册封为密嫔，是汉族女子妃嫔中被册封的第一人。

另一种是冷酷。康熙皇帝因为她是汉族女子而轻视她。最明显的例子，就是王氏母亲去世时康熙皇帝的态度。康熙四十八年（1709年）七月十六日，苏州织造李煦上折："王嫔娘娘之母黄氏，七月二日忽患痢疾，医治不痊，于七月十四日午时病故，年七十岁。"康熙皇帝见后冷冷批示道："知道了，家书留下了，随便再叫知道吧。"老人去世，儿女会很着急、很悲痛，康熙皇帝却隐瞒不报，可以说是冷漠至极。

尽管如此，王氏所生十八阿哥胤祄，却备受康熙皇帝宠爱。

1.出巡带着他。康熙四十七年（1708年），康熙皇帝出巡塞外，居然带着年仅八岁的小阿哥胤祄，一路上倍加呵护，照顾有加。

2.生病后特别照顾。出巡塞外，小阿哥不适应塞外的气候，得了急性腮腺炎，高烧不退。康熙皇帝很着急，一面把他抱在怀里精心照顾，一面下谕旨，让宫中太医火速前来。当小阿哥医治无效去世之后，康熙皇帝不肯相信他已经去世，仍旧把他抱在怀中，喃喃自语。随后便下特旨，将胤祄葬进妃园寝。依常理，胤祄死在外面，是不能进祖坟的。但是，康熙皇帝特别许可将其葬进妃园寝，让他长眠于父母

景陵妃园寝前景

膝下。这不仅是对小阿哥的照顾，也是对王氏的照顾。

更加让人感到奇怪的是，小阿哥的去世，还牵出一个天大的案子。就在小阿哥去世当天，即康熙四十七年（1708年）九月初四，康熙皇帝在痛不欲生的同时，做出了一个惊天动地的决定：废掉皇太子胤礽。

人们非常震惊，因为这个太子他已经培养了三十三年。康熙皇帝是急糊涂了吗？为什么要把太子废掉？《清圣祖实录》记载："（胤礽对胤祄）毫无友爱之意。"当然，康熙废太子的原因一定很复杂，但至少，对小阿哥胤祄之死没有表现出悲伤，是一个重要的原因和导火索。

小阿哥去世引出"废储"大案，可见康熙皇帝对胤祄的钟爱之情。

乾隆皇帝陵寝

裕陵中的传奇皇后——魏佳氏

裕陵是乾隆皇帝的陵寝，位于清东陵胜水峪，始建于乾隆八年（1743年），主体工程在乾隆十七年基本结束，共耗银两百零三万两。裕陵建筑精美，规模宏大，内葬乾隆皇帝和他的两位皇后（孝贤皇后、孝仪皇后），三位皇贵妃（慧贤皇贵妃、淑嘉皇贵妃和哲悯皇贵妃），共六个人。

孝仪皇后魏佳氏是一位颇具传奇色彩的女人。

看过《延禧攻略》剧的人，应该对剧中的主角"魏璎珞"非常熟悉，导演于正说这部剧某种程度上反映了真实的历史。事实真的如此吗？

历史上的魏佳氏和剧中的"魏璎珞"至少有两点不同。

一是长相。真正的魏佳氏面相并不精

令妃像（孝仪皇后）

致，倒三角的脸型极其明显。

二是性格。电视剧中的"魏璎珞"敢爱敢恨，性格直爽，但实际上不要说"魏璎珞"，就是皇帝和太后，在宫中，囿于礼法，都要戴着"面具"生活，平日根本看不出，也不会让人看出他们的真实性情来。

那么，长相一般，性格又不能随意展现的魏佳氏，是怎样做上皇后的呢？

这取决于下面三个因素：

1. 年龄。魏佳氏比乾隆皇帝小十六岁，在乾隆皇帝近四十岁的时候，她刚刚二十岁出头。而其他女人，比如早年入宫的富察氏、高氏等都已经老了。

2. 背景。据推测，魏佳氏的背景应该是皇太后。皇太后的极力推荐，乾隆皇帝接受了。

魏佳氏并非是由户部主持的选秀女中选入宫的；而是由内务府主持的每年一次的选秀女，以宫女的身份入宫，服侍皇太后，之后由宫女转换了身份，成为乾隆皇帝的嫔御。

3. 性格。魏佳氏性格"柔嘉"，这在诸多清宫档案中均有记载。魏佳氏之所以性格柔嘉，与她的出身有关，她的父亲是内管领清泰，是汉包衣。卑贱的出身，让她藏住锋芒，谨小慎微。

魏佳氏在复杂多变的深宫中，创造了几个不小的"奇迹"。

第一，生育最多。乾隆二十一年（1756年）至乾隆三十一年（1766年），十年之间，魏佳氏有六次生育，分别在乾隆二十一年（1756年）、二十二年（1757年）、二十三年（1758年）、二十五年（1760年）、二十七年（1762年）、三十一年（1766年），是后宫妃嫔中之最。

第二，"宫斗"获胜。乾隆三十年（1765年），魏佳氏向皇后挑起"宫斗"，她不仅要取代皇后，更重要的是要让自己的皇子成为太子。这个大胆的想法，在乾隆三十年（1765年），乾隆皇帝第四次南巡途中得以实现。皇后被打入冷宫；魏佳氏成为皇贵妃，主持后宫；她的第十五子颙琰在乾隆三十八年被册封为皇太子。

第三，尸身百年不腐。魏佳氏死于乾隆四十年（1775年），此时的她是皇贵妃，儿子被秘立为储君两年。

　　1928年7月，魏佳氏去世一百五十三年之后，裕陵被军阀孙殿英盗掘；四十天后，溥仪派遗老来重殓，发现魏佳氏的尸身居然没有腐烂。遗老们的笔记记载魏佳氏"笑容可掬，耳环尚在"，创造了另一个奇迹。

乾隆皇帝的慧贤皇贵妃

看过《延禧攻略》的人，可能对高贵妃的印象不太好，因为这个女人随意挑起"宫斗"，到处害人。这点必须更正，还原历史真相。

实际上，高贵妃不能也不敢挑起"宫斗"。首先，高贵妃的父亲高斌是包衣出身。一个包衣生的女儿，卑微的出身，是不敢随意挑起"宫斗"的。其次，她没有生育，膝下无儿无女，有什么资格挑起"宫斗"呢？

高贵妃出身卑微，没有生育，但是她非常得宠，深得乾隆皇帝喜爱，这是什么原因呢？

一是长相漂亮。乾隆皇帝的全家福《心写治平》，基本以写实的手法，描绘了乾隆皇帝后宫中众妃的相貌。从高贵妃的画像

慧贤皇贵妃像

看，她柳叶眉杏核眼，樱桃小口一点点，真正是一个美人胚子。高贵妃漂亮，五官精致，几乎无可挑剔。

二是有背景。高氏虽是包衣出身，父亲却不是一般的包衣。父亲大学士高斌在雍正时期做到河南河道总督，官居一品；乾隆即位后，高斌更加得到重用，入军机，官直督，令人侧目；父女俩宫里宫外互为支援。

高斌以治河专家起步，雍正九年（1731年）就做到了一品大员河南河道总督。乾隆即位后，高斌于乾隆六年（1741年）任直隶总督；乾隆十年（1745年）升太子太保、吏部尚书，协办大学士，入直军机处；乾隆十二年（1747年），拜文渊阁大学士。可以说，高斌在宫外是"风生水起"。

乾隆即位后，乾隆二年（1737年）高氏晋升为贵妃，是此时乾隆后宫中仅有的一位贵妃，位在富察皇后之下，这已非常难得了。

可是，天有不测风云。乾隆十年（1745年）正月二十三日，高氏病了，病得很严重。乾隆皇帝很着急，决定为之"冲喜"，于是直接晋升其为皇贵妃。这种待遇非常难得，可还是未能留住她。高氏死了，乾隆皇帝为她隆重治丧，上谥号为"慧贤皇贵妃"。这个谥号，令富察皇后非常羡慕，据说她当时就哭了，并对乾隆皇帝说："将来，如果我能够得到'贤'的谥号，也就死而无憾了。"乾隆十七年（1752年），将高贵妃葬入裕陵地宫，可谓生前死后陪王伴驾，足见其宠。

皇恩似水，高贵妃仙逝后，皇恩不在，高氏的家人接连遭到厄运的打击。

首先是她的父亲高斌遭难。乾隆十八年（1753年），年已七十的高斌被五花大绑，押赴刑场，因事先并未言明是陪斩，高斌吓得魂飞魄散，全身瘫软，昏迷在地。

接着，她的弟弟高恒因贪污被正法。乾隆三十三年（1768年），两淮盐政尤拔世举报前两淮盐运使普福，普福供出高恒。乾隆皇帝命江苏巡抚彰宝和尤拔世审理此案，高恒贪污银两坐实，行将行刑，富察皇后之兄傅恒以高贵妃之宠谏阻，乾隆皇帝怒曰："若皇后之兄犯法，当如之何？"傅恒吓得战栗不敢言语，高恒遂被正法。

　　高贵妃的侄子，高恒之子高朴也没幸免。乾隆四十三年（1778年），乌什办事大臣永贵告发叶尔羌办事大臣高朴动用三千人采玉，盗卖官玉，私藏巨额所得。乾隆皇帝下谕查拿高朴，高朴贪赃属实，即行就地正法。

乾隆皇帝的"压舌"之物——玉蝉

我国古代，凡人去世，在去世的瞬间，尸体尚未完全僵硬，牙关尚未紧闭，便迅速将嘴掰开，塞进一些珠宝、谷物之类的物品，称为"饭含"，又叫"压舌"，这是古代丧礼中的仪式。

从高高在上的帝王，到文武百官，再到平头百姓，都要"饭含"而去。这是为什么呢？古人认为是这两个原因：

一是不做"饿死鬼"。人们操劳一生，要"饭含"而去，这样不做"饿死鬼"。

二是"压住舌头"，不要乱说话。舌头容易惹口舌之灾。用物件压住，便不能说话了。

乾隆皇帝是我国古代最长寿的帝王，活了八十九岁；掌权时间也第二长，仅次于他的爷爷康熙皇帝；他执政期间又是盛世之巅，国富民强，他的"饭含"之物会是什么稀世珍宝呢？

1928年7月，军阀孙殿英盗掘了裕陵，世人才知晓了这个秘密。

乾隆皇帝死于嘉庆四年（1799年）正月初三，到1928年，已经过去了整整一百二十九年，盗掘后，他的尸骨散乱一片。据接触到乾隆皇帝尸骨的人们所说，

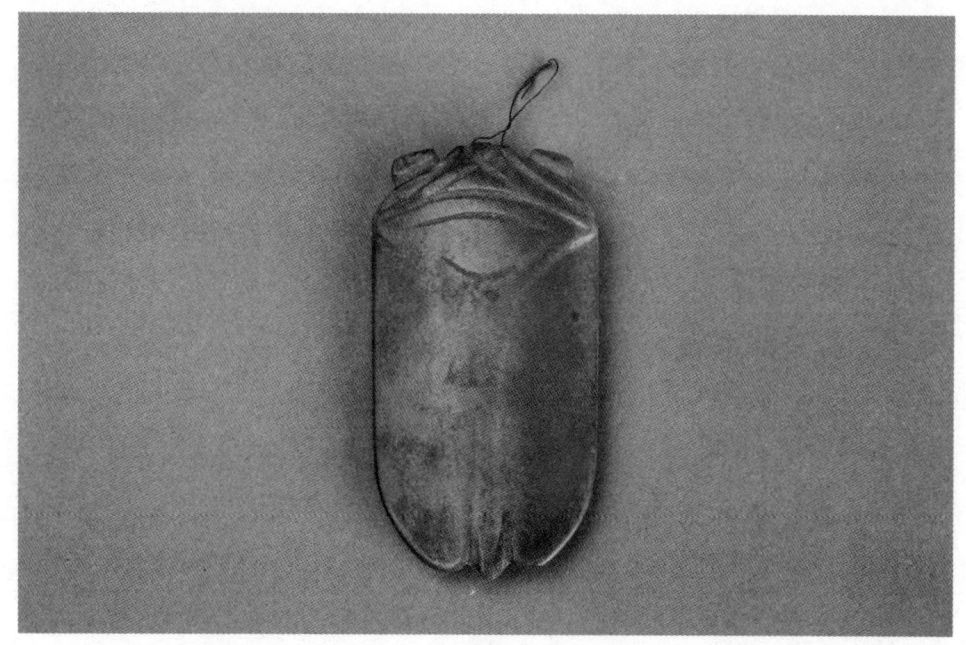

裕陵地宫出土玉蝉

他的双眼发出白光，呈现螺纹状向外延伸。

1975年，裕陵地宫被打开，在清理的过程中，工作人员在灰泥中发现了乾隆皇帝"压舌"之物，是一枚精致的玉蝉。这枚玉蝉，与真物大小相似，是珍贵的汉代玉片，雕刻之法简洁明快，上有八道纹理，被称为"汉八刀"。

乾隆皇帝为什么用此物"压舌"呢？郭沫若先生考证："天子以蝉压舌。"大概以其能够蜕皮，可以轮回转世。另外，"蝉"与"禅"同音，有着双重含义，所以乾隆皇帝要用玉蝉"压舌"。

这位赫赫有名的天子，选择了和他身份地位相匹配的"汉八刀"玉蝉作为"压舌"之物。没想到，军阀盗墓，"空口"而存。

"无处安身"的那拉皇后

提到"宫斗"，很多人可能马上就会想起《甄嬛传》，但这部剧中几乎所有的"宫斗"情节都是作者虚构的，并不可信。该剧虽然演绎的是雍正皇帝的后宫，事实上，雍正皇帝的后宫风平浪静，根本就没有"宫斗"。

倒是乾隆皇帝的后宫中，有过一次"宫斗"。这是一个小女子创造的传奇事件，这个小女子就是魏佳氏。她以小小妃子的身份挑起"宫斗"，最终打败了高高在上的中宫皇后那拉氏。

开始的时候，魏佳氏是要实现自己的一个梦想：由贵妃升为皇贵妃。一般来说，这很难实现。可是，魏佳氏创造了奇迹，她找准了合适的时间和地点。时间是乾隆三十年（1765年），南巡途中，皇帝高兴；地点在杭州，人间天堂，一个令人回味无穷而又流连浪漫之所。

最关键的是，魏佳氏找对了人——太后。太后支持，皇帝也支持，事情就成了。

然而，那拉皇后出于一个女人的直觉，意识到危机到来。可是，乾隆皇帝支持魏佳氏，对皇后却非常冷淡，甚至是厌恶。"宫斗"的结果是那拉皇后铩羽而归，悲惨败北。

魏佳氏当时不过是一个贵妃，她凭什么敢向中宫皇后挑起"宫斗"，又为什么会大获全胜呢？

以皇后而论，她自身出了问题。

1.虚伪。皇后本姓辉发那拉氏，可她却称呼自己为乌拉那拉氏，因为历史上乌拉部在实力上大于辉发部，强于辉发部，她隐瞒了出生本部，有攀附的嫌疑。《钦定八旗通志》《八旗满洲氏族通谱》中都记载了那拉氏出生于辉发部，而不是乌拉部。

2.偷窃。朝鲜史料《燕行录》记载，乾隆二十九年（1764年），那拉皇后居然偷窃了宫里的大珍珠，让侍卫拿出去典卖了四百两白银，结果，侍卫被腰斩。那拉氏贵为皇后，居然偷卖大珍珠，行为着实令人费解。

3.性格突变。乾隆三十年（1765年），那拉皇后四十八岁，正处在"更年期"，遇事性格易变，很难控制住自己，这也是那拉皇后悍然"剪发"的一个原因。

以魏佳氏而论，她玲珑八面，又机巧多变，非常占优势。此外，还有外部因素对她极为有利：太后支持她，是她坚强的后盾；皇帝也支持她，她先后生育六个子女，享受着十年专宠。

这样，魏佳氏利用了皇后的弱点，也利用了太后、皇帝这两个有利条件，天时地利人和。在南巡途中，在蕉石鸣琴这个地方，将酝酿已久的计划，向乾隆皇帝提出来。虽然事起突然，却也合情合理，最终魏佳氏大获全胜，那拉皇后悲惨败北。

败北的那拉皇后抑制不住情绪，做了一件大逆不道的事情：剪发。剪发是满洲人的大忌，只有在丈夫、老人去世之后，女人才可去掉首饰，减掉耳边一绺头发，以发代头，表示悲悼。所以，那拉皇后"剪发"事件非同小可，等于她诅咒乾隆皇帝和皇太后，犯了大忌。

结果如何呢？

皇后先是被管制起来押送了回去，剥夺了她随行的权利；接着，又被打入冷宫，秘密禁足在翊坤宫后殿；再下来，收回并销毁了代表皇后身份的四份册宝。第二年七月十四日，皇后就这样在冷宫中去世了。

那拉皇后去世之后，她的悲剧还在继续。

1.降级办丧事。降格以皇贵妃之礼治丧下葬，由国丧降为家丧。棺木也由金丝楠木降为杉木，是贵妃以下主位使用的木料。

2.出殡冷清。按照规定应是七千九百二十人为皇后抬棺材，结果却骤减为六十四人。

3.无处安身。那拉皇后没有自己的陵寝和地宫，借用了纯惠皇贵妃地宫，葬于皇贵妃次位，陪伴一旁。

4.没有神牌和享祭。按照规定，清宫女主妃子以上的死后都有神牌，供后人祭

那拉皇后棺

奠。可那拉皇后以至尊地位，却没有神牌，好似常在和答应一样，卑微得很。

那拉皇后做梦都想不到，她本来辉煌的人生，却以这样的方式落下帷幕，真是人生无常。

她这一生，成也乾隆，败也乾隆

在乾隆皇帝的后宫中，有一位特别的妃子，她是一个"小脚女人"，这个人就是纯妃。

纯惠皇贵妃像

纯妃是汉族女子，她的父亲苏召南是南方人。那个时代，满汉之间是不允许通婚的。早年，孝庄就曾经立下规矩："有敢以汉女入宫者斩！"并将这个懿旨悬挂在紫禁城神武门，警示以后的满洲皇帝。所以，苏佳氏入宫是一个谜。

看过《延禧攻略》的会发现，纯妃在剧中很活跃，戏份不少。这个女人颇有心机，她看准了乾隆皇帝喜欢汉文化，喜欢舞文弄墨，而且还自称"书生"，写了数以万计的诗词。所以，便大胆展示自己的魅力，极力吸引乾隆皇帝。

裕陵妃园寝

　　苏佳氏成功了，她很得帝宠，是乾隆皇帝后宫中排在前几位的女人。乾隆皇帝继位之前，她就生育了皇三子永璋；即位后，再生一对儿女，皇六子永瑢和皇四女。看上去，乾隆皇帝似乎会不间断地给这个女人以宠爱。然而接下来，纯妃却遭遇了让她不安的事情。

　　一是永璋遭到了乾隆皇帝的申斥。乾隆十三年（1748年）三月十一日，富察皇后不幸在东巡泰山返程时病逝于德州，这令乾隆皇帝非常伤心。年仅十四岁的永璋没有表露出伤心，乾隆皇帝在大庭广众之下，申斥他说："父母同去山东，父皇回来了，母后却死在外面，你都没有悲伤之意，这是做儿子应该做的事情吗？你如此不懂事，将来休想继承大位！"乾隆皇帝这样当众申斥，又说了如此重的话，让纯妃母子非常惶恐。永璋从此对前途失去了信心，乾隆二十五年（1760年），永璋抑郁身亡，年仅二十六岁。

二是永瑢被过继出去。永瑢生于乾隆八年（1743年），他是纯妃的骄傲，不仅长相儒雅，而且能诗善画，非常有才，纯妃对他寄予厚望。可是，乾隆二十四年（1759年）十二月，乾隆皇帝将永瑢过继给了质郡王胤禧为孙，过继出去的皇子，再也没有即位的希望了，虽然还可以承袭爵位，但是仍然令纯妃倍感失落。

接连的打击，让纯妃感到了巨大的不安和惶恐，不久，纯妃就病倒了。

乾隆皇帝看到病入膏肓的纯妃，产生了怜爱之心，乾隆二十五年（1760年）四月，晋封她为皇贵妃。可惜为时已晚，当月十九日，纯妃就病逝了，终年四十八岁。

纯妃死后，乾隆皇帝命人为其修建了超出规格的陵墓。本来，裕陵妃园寝开工于乾隆十年（1745年），裕陵完工的时候，妃园寝也就完工了。纯妃病逝的时候，乾隆皇帝为了照顾她，居然下令扩建妃园寝。

乾隆皇帝破例为纯妃修建了方城明楼，并在楼内竖碑刻字"纯惠皇贵妃园寝"；还破例为其增建了东西配殿。这组建筑，原来并没有配殿之设，这次是特别为纯妃增建。

乾隆皇帝这些反常的做法，大家谁都没有想到，真是天威难测。

吸引蝴蝶的"香妃"，是真实存在的吗？

二十多年前，有一部叫《还珠格格》的电视剧红遍大江南北，剧中除了"小燕子""紫薇"两位格格，还有一位"香妃"格外引人注目，一曲"你是风儿我是沙"，现在仍萦绕在不少剧迷们的心怀。历史上，乾隆皇帝真有一位香妃吗？

遍查史料，发现乾隆皇帝的后宫中确实有一个特殊的女人。

据《清史稿》记载，乾隆皇帝有一位封号为"容妃"的维吾尔族女子，和卓氏，是回部台吉和札麦女。乾隆二十五年（1760年），和卓氏进宫，年二十七岁；乾隆五十三年（1788年），和卓氏去世，年五十五岁。

成书于光绪十八年（1892年）的游记体诗《西疆杂述诗》中有一句："纷纷女伴谒香娘"，这是历史上第一次出现关于"香妃"的记载。

通过上述两个资料判断，所谓"香妃"应该就是容妃。那么，这个容妃真相如何，她真的是"玉容未近而芳气袭人"吗？通过第一历史档案馆的资料，我们大体可以还原容妃的人生经历。

其一，容妃屡次陪着乾隆皇帝出巡，凡是乾隆皇帝出巡，都有她的身影。

其二，乾隆皇帝尊重其民族信仰，允许容妃在宫中穿着自己本民族的朝服；拥有自己的厨师，吃自己民族特色的饭菜。

其三，容妃经常得到鹿肉、狍子肉、荔枝干等赏赐。

其四，容妃的宫中地位不断上升。史料有载，初进宫为"和贵人"，过二年封"和嫔"，乾隆三十三年（1768年）封"容妃"。乾隆四十四年（1779年），乾清宫年三十家宴的时候，午膳在西一桌；乾隆四十六年（1781年）年三十，午膳则位居东一桌之首。

关于容妃，有很多的谜团：画像之谜、葬地之谜、死因之谜、受宠之谜、体香之谜，等等。

1980年，容妃墓前面的踏跺塌陷，因为早年曾被盗掘，经请示，专家们对容妃墓进行了保护性清理，考古发掘的结果破解了很多难解谜团：

容妃宝顶

一是葬地确定。关于容妃的葬地，众说纷纭，有的说是新疆喀什，有的说是北京陶然亭，也有说法是在东陵的裕妃园寝内。经考证，容妃最终葬在裕妃园寝内，具体位置为前数第二排，东侧第一位。

二是"香妃"身份确定。通过对容妃葬制的考察，她是混合法葬入，既遵从满洲皇家葬制，头戴吉祥帽，佩猫眼石，身穿满洲旗装，以保持皇家体面；又加进其民族元素。

容妃神像

对其体骨、肢骨分析，判定容妃生前身高约为一百六十七厘米；对其其他组织进行检测分析，并未发现能释放香味的物质。

关于容妃画像。专家考证，众多画像中只有《容妃神像》《塞宴四事》《威狐获鹿》中有真实的容妃形象，其余均是假的。

关于容妃的死因，最普遍的说法是她被皇太后赐死，然而资料中则记载为病逝，终年五十五岁。

和珅的亲家母，乾隆皇帝的惇妃

提起和珅无人不知。

乾隆皇帝对和珅有知遇之恩，甚至用"宠幸"二字也毫不过分，和珅也因此恃宠而骄，进而富甲天下。但是，和珅最令人瞩目的身份还是他和乾隆皇帝是亲家。乾隆四十五年（1780年）四月，钦赐和珅儿子名字为"丰绅殷德"，并将年仅六岁的十公主指婚与他。这一年，和珅三十一岁。乾隆五十四年（1789年），乾隆皇帝给予十公主极其丰厚的嫁妆，公主下嫁，和珅与乾隆皇帝正式结为亲家。

十公主的生母惇妃便成为和珅的亲家母。

惇妃究竟是怎样一个人呢？惇妃姓汪，父亲是都统四格。她比乾隆皇帝小三十五岁，十八岁入宫，三十岁的时候，生下十公主。乾

和珅像

隆皇帝对十公主非常宠爱，曾说过："汝若为皇子，当传位于你。"这也助长了惇妃的娇气；同时，她心高气傲，决心再生育一个皇子，为自己将来的地位提供保障。

惇妃像

乾隆四十二年（1777年）四月初，惇妃传来了喜讯，御医陈世官、罗衡诊断她已经怀孕。到四月十九日，两位御医会诊道："妊娠脉息照常，议用胎产金丹。"

可是，至五月二十八日，惇妃孕事不足两月，尚书余文仪却这样诊断："今荣分既应时而至，脉亦不见娠象，其无喜已经显著。"原来是一个假孕事件！

乾隆皇帝没有了面子，惇妃更成了一个笑话。这件事对惇妃产生了重要的影响。加上乾隆四十一年（1776年）十月，其父四格病逝，对惇妃刺激很大。于是，发生了一系列令惇妃悲凉的事件。

一是妇科疾患缠身。惇妃患妇科疾病。

二是杖毙宫女遭惩。受乾隆四十一年（1776年）父亲病逝和乾隆四十二年（1777年）"孕事风波"的影响，加之乾隆皇帝有意疏远，惇妃肝火上涌、郁气内结，疾患缠身，更加暴戾恣睢，致使发生了乾隆四十三年（1778年）十一月初七，"杖毙宫女"事件。向例，宫中主位不可以随意殴打宫女，更不要说杖毙了。为此，乾隆皇帝惩处了惇妃：降级、罚银，向宫女的家人赔礼道歉，以及惩处向宫女行刑的太监、宫女，等等。

这些事件的发生，使得和珅这个亲家母的地位一落千丈，风光不再。

乾隆皇帝是怎么"害死"富察皇后的？

《延禧攻略》中的富察皇后，给人留下了深刻的印象。

在乾隆皇帝的后宫之中，乾隆皇帝甚是宠爱她，甚至用"尊敬"来形容都不为过。这是为什么呢？

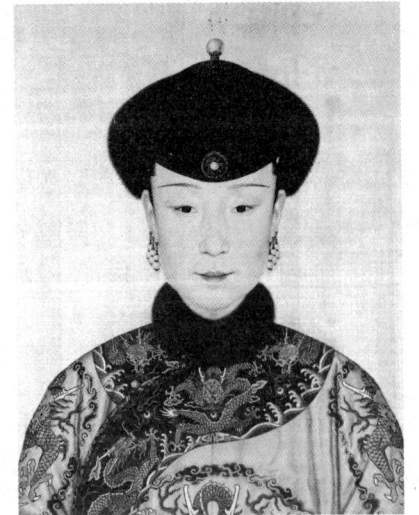

孝贤皇后像

一是高贵的出身。富察皇后的远祖旺吉努为开国元勋，高祖哈什屯是皇太极时期的太子太保，祖父米思翰是康熙皇帝时期的议政大臣，父亲李荣保是察哈尔总管，这样的出身，乾隆皇帝自然会对她照顾有加。

二是自身有才气。富察皇后好书法，资料记载，她有"欧（欧阳询）柳（柳公权）之风"。而且她节俭、贤惠，礼贤属下，这些都令乾隆皇帝高兴。

三是她生育了四个子女。其中两个皇子，两个公主。两个皇子永琏和永琮都曾经被立为储君，这是富察皇后的骄傲。

还有一点，对于富察皇后来说，不得不提及一个人，那就是她的弟弟傅恒，他绝对是给富察皇后加分的一个外戚。傅恒战功显赫，在平准（准噶尔）定回，统一新疆，平大金川之乱，进军缅甸之战中，均有出色的表现，令乾隆皇帝非常满意。

不过，这个女人，后来却遇到了糟心事。这些事令她心力交瘁，以致年纪轻轻就离世了。

一是太子病逝。这个太子就是永琏，他生于雍正八年（1730年），雍正皇帝亲自命名，含有承继皇位之意。乾隆元年（1736年），乾隆皇帝一即位，便按照雍正皇帝的做法，密书永琏之名，封为谕匣，藏于正大光明匾后面，秘密立储。可是，乾隆三年（1738年）正月，年仅九岁的永琏居然偶感寒疾伤逝了，这令富察皇后非常伤心。为了安慰皇后，乾隆皇帝一面劝解，一面追封永琏为端慧皇太子，并为之修建了豪华气派的陵墓——端慧皇太子园寝。

二是准太子殇逝。乾隆十一年（1746年）四月，富察皇后再生一子，这就是皇七子，乾隆皇帝亲起名字为永琮，再一次隐含承继皇位之意。乾隆皇帝盘算着，一定要实现立嫡为储君的凤愿，皇太子一定要嫡出。可是，天不假年，乾隆十二年（1747年）的大年三十，永琮出天花病逝了，此时他还不到两岁。

这一次，富察皇后再也支撑不住了。她得了心病，心病之下，感冒病菌侵体。可是，乾隆皇帝没有发现。

接连两位皇子的离世，让乾隆皇帝很是自责。他劝慰富察皇后，说："这不怪你，这是我没福分，无德实现立嫡的凤愿，都是我不好。"

为了缓解皇后的郁闷心情，乾隆皇帝决定带皇后外出旅游，连同皇太后一起，地点选在了山东。阳春三月，游大明湖，登泰山，谒孔庙，乾隆母子玩得很尽兴。

皇后却力不能支了，好不容易盼到回銮。可是，乾隆皇帝突发奇想，回程要走水路，坐龙舟沿运河回京。春寒料峭，到德州的时候，富察皇后感冒加重，居然一病归天，年仅三十七岁。

乾隆皇帝失去了自己挚爱的皇后。

"一座庄严肃穆的地下佛堂"

清朝祖制，皇帝一登基，就开始选择万年吉地，也就是建陵寝。

大臣们上书这件事，按理说乾隆皇帝应该高兴。可事实上，他却很烦恼。为什么呢？这都是因为他的父亲雍正皇帝。大清的祖陵在东陵，雍正皇帝却在北京以西的易县修建了陵寝，也就是泰陵。这样，西陵产生了。

乾隆皇帝建陵是在东陵，还是子随父葬，在西陵呢？乾隆皇帝陷入困境。于是，他四处选择，从东到西，从京郊到东北，选来选去，也没有结果。因为在西陵会冷落了东陵的祖先；在东陵固然恢复了随葬祖陵的规矩，可是父亲的泰陵又会遭到冷落。

最终，乾隆皇帝经过痛苦的思考和选择，以其对康熙大帝的崇拜，决定在东陵选择万年吉地。他确定了"昭穆之制"的分葬办法，即父子不葬在一起，父子分葬；爷爷和孙子葬在一起，隔代相葬。这样，就以北京为中心，一东一西，父子分开来葬。乾隆皇帝将陵寝确定在了东陵的胜水峪。

确定下这件大事，乾隆皇帝非常欣慰，轻松了许多。

可是，令他意想不到的事情发生了，他在东陵选择的万年吉地胜水峪"风水"

乾隆皇帝朝服像

并不好，这主要体现在三个方面。

第一，砂山严重不足。砂山是陵寝周围的环护沙丘，起到维护环境、保持幽静空间等作用，是不可或缺的"风水"要素。

大臣董启祚在奏折中对胜水峪"风水"做了说明，阐述了砂山缺失的情况："左边贴身界气之砂稍低。"（《录副奏折》）就是说，胜水峪的东边砂山有问题，实际上，不是砂山稍低，而是根本就没有。这就麻烦了，陵寝没有砂山，会直接暴露在人们的视野之下，问题很严重。

第二，朝向有问题。朝向是陵寝的走向，一般来说，帝王陵寝为南北走向，南北有理想的靠山和朝山相呼应。可是，据乾隆皇帝的老丈人高斌的报告："万年吉地内，壬山丙向兼亥巳分金……殿台门路、桥梁之向俱宜照亥巳兼壬丙三分建造，于脉气最盛……"也就是说，将来建陵寝时要用两个方向：葬棺材的地方（金券）是一个方向，地面建筑是一个方向，两者之间有一个十度的夹角。

第三，地势平缓。皇陵建筑，一般在山之阳，或为山坡之上，需要一定的抬起坡度，北高南低，最好在三十度角左右，这样不仅采光好，地宫和院落内的排水也会很顺畅。

胜水峪的地势却非常平缓，几乎处在平面的状态。这样的地势，虽然是北高南低的形势，却不利于雨水的下泄，容易导致雨水囤积，直至渗入地宫之中。果然，乾隆十七年（1752年），下葬富察皇后、慧贤皇贵妃和哲悯皇贵妃的时候，就出现了地宫渗水。

乾隆皇帝心理产生了落差。

怎么办？乾隆皇帝思考着，花钱！他要建最豪华的陵墓，来弥补这些遗憾。他要用最好的工艺，最奢华的物料，最宏伟的规模，修建他想要的陵寝。

　　裕陵所有的木料用的都是珍贵的金丝楠木。金丝楠木不仅成材缓慢，非百年难成大材；而且生长于深山密林，采伐艰难，有"进去一千，出来五百"之说，即一千人进去采木，会有五百人死在里面。用的石料则是耐腐蚀的艾叶青，高贵典雅。金砖都是苏州所产，工艺复杂，有近百道工艺，等等。

　　古代帝王陵寝规制规定严格，一般遵循"前有车、后有辙"的做法，殊少有人破坏此制。而裕陵却增加了一些别的陵寝没有的建筑，比如石像生和玉带桥；大殿还增制了佛楼，楼内供佛像和珍宝，这些也是之前其他的帝陵没有的。

　　在地宫的石门、平水墙和券顶上，还刻满了佛像、法物、梵文、藏文等佛教题材的雕刻，裕陵因此被第十世班禅大师称为"一座庄严肃穆的地下佛堂"。

裕陵

裕陵地宫被炸

一般来说，盗墓者盗墓有两个方向。

一是选好对象。同是帝王陵寝，但葬物不会一样，这要看墓主人的性格，也要看国家是否有钱，还要看墓主人是否霸气、有地位。所以，盗墓贼会千挑万选。在东陵，裕陵无疑是最好的选择。

二是要找到地宫入口。皇陵向来固若金汤，甚至机关重重，要想进入地宫，可谓势比登天，需要盗贼开动脑筋，用心探寻。

乾隆皇帝从乾隆七年（1742年）开始营建裕陵，直至嘉庆四年（1799年）去世，经营了五十七年裕陵，其奢华的建筑，地宫内的藏宝，无不对盗匪产生巨大的吸引。

1928年，以孙殿英为首的盗匪盯上了裕陵，决定铤而走险，实施盗掘行动。就这样，震惊中外的孙殿英大盗东陵案，在黑暗之中，静悄悄地开始了。

这些盗匪来到裕陵之后，感到茫然无措，因为面对如此坚固的裕陵，他们根本不知道如何盗宝，也不知道宝物究竟在哪里。这也难怪，乾隆皇帝的裕陵结构究竟什么样，在当时神秘莫测，众说纷纭，就连当时最厉害、最应该了解的人，对裕陵地宫都是知之甚少。

末代皇帝溥仪，在《我的前半生》一书中，这样描述裕陵地宫："墓中隧道全用汉白玉砌成，有石门四进，亦全系汉白玉雕制。寝宫为八角形，上覆圆顶，雕塑着九条金龙，闪闪发光。寝宫面积约与故宫的中和殿相等。乾隆的棺椁是用阴沉木制成的，安放在一个八角井上边……乾隆的殡葬品都是一些字画、书剑和玉石、象牙、珊瑚雕刻的文玩及金质佛像等物。"

路透社在裕陵被盗掘后，向全世界发了这样一条消息："掘盗乾隆等坟墓案，据有关人士称，共发十三棺，其珍宝价值三四千万元……"除此之外，还讲了一些乾隆裕陵地宫的棺材及珍宝情况。

在盗掘中，盗匪们在明楼上掀翻了城砖，始终找不到地宫入口。于是，他们在大宝顶上面乱挖一气①，结果根本刨不进去。一镐刨下去，也就只刨出一个白点，而且"三合土"下面是琉璃瓦，琉璃瓦下面是一层层大城砖，城砖下面则是发券的青白石，坚固的宝顶，根本无法打开。

孙殿英一伙盗匪意识到胡乱地挥舞镐铲根本不是办法，于是，他们停下了盗掘，开始分析地宫的入口可能会在哪儿。有人说他们找到了一个老守陵人，一个白胡子老头，进行威逼利诱。守陵人迫于无奈，给他们指出了地宫的入口。

这个入口就在古洞门的北边。穿过古洞门，就是一个院落。这个院落从高空俯视，是一个半圆形的空间，档案上的记载叫作"月牙城"，当地老百姓却称它为"哑巴院"。这是为什么呢？据说，清朝皇帝因为怕将来施工的人把地宫入口说出去，就专门叫那些不识字的哑巴来这里施工，他们不但不能说出去，还不会写字，这样地宫就安全了。施工结束后，这些哑巴有两条出路：一个是被处死，一死百了，什么也说不出去了；一个就是被流放，把这些人流放到渺无人烟的大草原去，他们就不会把地宫入口的秘密说出去了。

实际上，这些哑巴完成了地宫的最后一道工序，就是堵砌地宫入口之后，他

---

① 宝顶就是大坟头，是三合土，《工程做法》记载是黄土、白灰和沙子用糯米汤和成的，比水泥还坚固。

1928年8月重新封闭裕陵月牙城被盗陵寝入口

们设计了一个十分漂亮的琉璃影壁，上面有很好看的琉璃花，挡住地宫的入口，不知情的人是绝对找不到的。

盗匪们找到了地宫入口，却害怕暗器伤人。当这个让人恐惧的障碍克服过去，发现地宫没有毒气，没有机关暗器，只有长长的被砌死的墓道，和四道大大的坚固的石门，这些挡住了盗匪们前进的步伐。

打通墓道，攻破石门，成了盗匪们首要的任务。

进入墓道并不难，孙殿英有工兵，关键是裕陵地宫石门不好进入。这些石门宽一米五三，高三米一二，厚十八到二十五厘米，重约三至四吨，坚固异常，怎么攻破呢？工兵们用大木撞击，硬是生生将前三道石门撞开了。

正要大功告成的时候，第四道石门却打不开了，它被牢牢顶住，始终无法打开。这下，孙殿英急了，他歇斯底里地下令："用炸药，给我炸开！"第四道石门上面，尽管有两尊菩萨守护，也禁不住烈性炸药的轰炸。一声巨大的炮响之后，封闭了一百多年的乾隆皇帝和他的后妃们，以及那些奇珍异宝便完全暴露在盗匪们凶恶的目光之下——裕陵地宫被炸开了。

地宫炸开了，面前出现一片汪洋，原来地宫渗水了。乾隆皇帝和他的后妃们被泡在冰冷的水中，陪伴他们的，还有那些珍宝。盗匪们水中打捞着珍宝，乾隆皇帝精心安排的陪葬品就这样被洗劫了。

孙殿英等人到底盗走了哪些珍宝呢？如今已经无从考证。根据近年来零星的报道，有两件珍宝浮出水面。

1.乾隆皇帝裹尸被，即陀罗尼经被。2008年，乾隆皇帝裹尸被在北京文物拍卖市场上露面，被拍到六千六百五十万人民币，近年来更是翻番到一亿三千万人民币，可见其珍贵无比。

2.九龙宝剑，乾隆皇帝的御用宝剑。据记载，这柄宝剑剑柄嵌宝，剑背雕嵌九条金龙，锋利无比。被盗走后，蒋介石政府被迫惩治盗陵犯。孙殿英采用金蝉脱壳之计，将珍贵的九龙宝剑送给蒋介石，委托戴笠于1946年前往南京呈送。结果，戴笠乘坐的飞机撞在岱山上，九龙宝剑毁于大火之中。蒋介石下令将其陪葬戴笠，葬于南京钟山，最终化为一抔黄土。

乾隆皇帝裕陵地宫

咸丰皇帝陵寝

咸丰皇帝为什么生前没建陵？

咸丰皇帝朝服像

咸丰皇帝的陵寝叫作定陵，位于清东陵最西边的平安峪，地宫内埋葬着咸丰皇帝和孝德显皇后萨克达氏。定陵始建于咸丰九年（1859年）四月十三日，同治四年（1865年）八月工程结束，历时六年之久。

按照规定，皇帝一即位，就要建陵。可是，咸丰皇帝在位的十一年中，却没能建成陵寝，这位皇帝的棺材不能入土为安，难道是他不关心自己的身后之事吗？还是出什么大事了？

实际上，恰恰相反，咸丰皇帝非常重视自己的陵寝建设，也很着急。

即位之初，咸丰皇帝就下旨选择万年吉地。他这么做，是受祖制的影响，也是受爷爷和父亲的影响。因为嘉庆皇帝继位之初，乾隆皇帝就在西陵给他选择了万年吉地；道光皇帝即位之后，立即下旨选建万年吉地。咸丰皇帝也在咸丰元年下旨："面谕定郡王载铨、工部右侍郎彭蕴章、内务府大臣基溥相度万年吉地。"（《清文宗实录》）

咸丰皇帝任命陆应谷为相度风水大臣。陆应谷，嘉庆九年（1804年）出生，生母早逝，少年时由伯父陆祥教养。陆祥是当地有名的"风水先生"，陆应谷受伯父影响，后来写了一部很著名的"风水"著作《地理或问》，闻名朝野。所以，陆应谷的"风水"功底很深，是这一时期著名的"风水先生"。陆应谷接到旨令不敢怠慢，立即带领精通"风水"的一些术士赶到北京，来到东陵，踏遍了东陵的山山水水，终于有所收获。

咸丰皇帝有很深的文化功底，对"风水"也略知一二。所以，他对"风水"的要求很苛责，并不是敷衍了事的态度。经过一年多的精心选择，陆应谷在东陵找到了三处风水宝地：辅君山、平安峪、成子峪，并且呈上了"风水"说帖。咸丰皇帝除了仔细审阅说帖之外，还亲临实地查看。咸丰四年（1854年），咸丰皇帝经过反复对比，权衡利弊，认为平安峪是一处"真龙之地"，于是确定其为万年吉地。

万年吉地确定之后，咸丰皇帝立即为开工做准备。此时，他要做的是一件非常重要的大事，那就是确定开工日期。要知道，陵寝的开工日期是要经过严格计算的，要经过钦天监的选看，才可以确定下来。《内务府来文·礼仪》记载："咸丰九年四月十三日申时动土兴工，大吉。"也就是说，这天下午三点至五点开工。开工日期确定了，接下来就是准备材料。从咸丰八年（1858年）开始，咸丰皇帝就着手准备建陵，他命人前往奉天采办建筑木料，并命令北京琉璃厂赶紧准备琉璃瓦，只待时机成熟时开工。

但是，奇怪的是这么重要的工程却没有很大的动作，只有礼部、工部的几个官员到场，他们象征性地拿铁锹铲了几锹土，就结束了仪式，平安峪陵工程并没有真正开始，这是怎么回事呢？

原来咸丰皇帝有着不得已的苦衷。首先，国库空虚，无力建陵。修建陵寝，是一项大工程。国家要用最好的物料、最高级的工艺来建筑帝王陵寝，丝毫马虎不得，可以说是动用国库大量的银两，举国供张，倾国家之力来建陵。

咸丰皇帝当政时，正是太平天国和第二次鸦片战争时期，内忧外患，国家为了镇压太平天国起义，耗尽了精力，为了拨出军饷，咸丰皇帝省压缩开支，工作人员连工资都开不起了："武职自三品以上停给二成，文职自一至七品暂给廉银六成。"（《清文宗实录》）就是这样，还是拿不出军饷，咸丰皇帝甚至把乾隆年间铸造的三口大金钟融化，来充军饷，并开始了卖官鬻爵。后来为了修建陵寝，筹集建陵经费，咸丰皇帝想了一个办法：各地报销。

根据资料，陕西省应报销建陵寝银两七万四千两，可是，由于拿不出军饷，咸丰皇帝又被迫把用来建陵的银两拿出一部分，镇压太平天国："户部奏，库款支绌，兵饷不敷散放，宗人府库存吉地饷银共计五十八万四千两就近拨借。"（《清文宗实录》）可见形势十分紧迫。

其次，受到迁都念头的影响。咸丰十年（1860年），陵寝开工的第二年，清朝局势急转直下，英法联军侵入北京，清政府无力抵抗，焦头烂额的咸丰皇帝在万般无奈的情况下，带着王公大臣和他的后妃竟然北逃热河，于是，北京成了他的陪都。这时候，恭亲王奕訢、协办大学士官文、云南学政张锡嵘等人提出迁都西安的建议。咸丰皇帝表示赞许，"陕西古称天府，雄据上游，与中原声息相通，人心系属，转饷亦易，诚为便宜。"（《清文宗实录》）但是，迁都之说很快遭到朝野上下的反对。

钦差大臣、漕运总督袁甲三首先提出反对意见："燕京为天下根本，控制一统全局，不可轻议迁徙。"（《咸丰朝朱批奏折》）。迁都阻力太大，加上咸丰皇帝的身体状况每况愈下，遂放弃了迁都念头。

由于咸丰皇帝本来想迁都西安，因此不会热衷自己陵寝的建筑。帝王的陵寝一般都是在都城旁边修建的，这样谒陵才方便。

定陵石像生

　　再有，在建陵规制上咸丰皇帝有些无所适从。这一问题来源于他的父皇道光皇帝，道光皇帝按照乾隆皇帝制定的昭穆相建制度，本应在东陵修建陵寝，因此，道光七年（1827年），建成了在东陵境内的宝华峪陵寝，他的两位皇后也被葬入地宫之中。可是，后来发生了宝华峪地宫渗水事件，道光皇帝便找了个借口，把建好的宝华峪陵寝全部拆毁了，又到西陵修建了慕陵，率先破坏了昭穆相建之制。慕陵处处别出心裁，一改之前帝陵的规制："方城、明楼、穿堂诸券、琉璃花门、石像生俱者撤去，大殿三间，单檐成做，踊路不必接至大红门，宫门前著建一路三孔桥。"（道光十一年《上谕档》）道光皇帝的慕陵做了这么大的改动，使得咸丰皇帝没了思路。因为清朝本有祖制家法，那就是后世儿孙的陵寝规制一定不能超过前代帝陵的规制，否则，就是不孝顺的行为。父皇的慕陵都已经简化成这样了，咸丰皇帝还能大兴土木吗？他很茫然。

咸丰十一年（1861年）七月十七日，咸丰皇帝病死在避暑山庄的烟波致爽殿，而此时他的万年吉地还没建起来。

陵寝工程必须紧急开工，清王朝接下来会怎样处理这个工程呢？

慈禧和慈安给咸丰皇帝建陵始末

人们都说慈禧窃取了爱新觉罗的皇权，是罪人。可是，对咸丰皇帝来说，是慈禧给他建了陵寝，解决了他死后建陵的大问题。

人去世之后，要入土为安。咸丰皇帝死时，他的儿子同治皇帝年仅六岁，管不了事。留下了一大群后妃，和两个皇后——慈安和慈禧两位皇太后。

但是，在给咸丰皇帝建陵的过程中，慈禧和慈安也遇到了两大难题：一是建陵的规制问题；二是钱的问题。

首先是规制问题。

究竟要按照怎样的规制修建陵寝呢？由于道光皇帝建的陵很特殊——道光皇帝陵太小了，与以前的帝陵有明显的区别。慈禧和慈安

慈禧油画像

不知怎么办，因为她们想建一座规模宏大的陵寝。朝野上下争论四起，各方势力纷纷登场表态。

一种人认为应该遵守祖制，逊避祖陵，代表人物是工部右侍郎宋晋。宋晋上书两宫太后，要求定陵的修建仿照慕陵的规制，至少不要超过慕陵的规制。他认为自己是管理工程建筑的，宋晋上书："宣宗圣德神功，巍焕千古，而于陵寝规模务从俭朴，制作尽善，洵为万世不易之规。"（《清穆宗实录》）要求朝廷按照慕陵的简约规制办理定陵规制。

慈禧想要恢复祖陵的规制，由于慕陵的陵寝规模甚至逊色于皇后陵的规模，这对于奢侈成性的慈禧太后来说，不能允许。慈禧想到了自己的陵寝，因为自己作为太后，是不可能和咸丰皇帝葬到一起的，如果定陵按照宋晋的说法，采纳慕陵的规制，那么，自己将来的陵寝就必然要逊色于丈夫的定陵。所以，一定要先让定陵的建筑恢复裕陵之前的建筑规模，自己的陵寝才好办理。

还有一种人则是察言观色，投其所好。这些人主要是宗室人员，他们观察两宫太后的脸色行事，是太后的代言人。其中有个人就站出来猛烈抨击了宋晋的建议，这个人是礼亲王世铎。世铎是醇亲王奕譞推荐的军机处领班大臣，食亲王双俸，备受慈禧信赖。他最了解慈禧的心态，他狠狠批评宋晋，驳斥宋晋的观点，世铎找出了一个冠冕堂皇的理由，那就是节约，他说："惟现在工程大局已定，若勉强仿照慕陵办理，则所备木石工料等项一切均须变更。"（《清穆宗实录》）即认为如果改变规制，就需要变更建筑材料，会造成浪费。而且，世铎还讥讽宋晋，说他说晚了，如果咸丰皇帝在世时提出来，那该多好，现在提出来，有博取声名的嫌疑。

世铎说出了慈禧的心里话，于是，慈禧当即表态："著仍遵现在成规，迅速恭办，以期山陵及早奉安。"（《清穆宗实录》）慈禧太后拍板了，一锤定音。

那么，定陵究竟实行了怎样的规制呢？

一是承接祖陵的制度。祖陵当然是入关第一帝顺治皇帝的孝陵了，建有方城、明楼、哑巴院，地宫九券四门，上雕八大菩萨，陵寝门恢复传统的琉璃花门式样，隆恩殿为双檐五开间，东西配殿为五开间，月台上陈设鼎式炉一对，鹤一对，取六

定陵前景

合同春之意，宫门前恢复三路三孔桥，牌楼门前恢复石像生，基本上在这些主体建筑上恢复了孝陵以来建立的祖陵制度。

二是部分吸收慕陵的做法。慕陵作为咸丰皇帝父皇的陵寝，慈禧在规划定陵规制时，考虑吸收慕陵的一些做法。比如裁掉为皇帝歌功颂德的大碑楼，裁掉二柱门，地宫内不再像裕陵一样雕刻大量图案，像慕陵地宫一样设置龙须沟，其实就是排水沟，这是吸取了宝华峪陵寝渗水的教训。

三是创新规制。定陵设计的最大亮点在于创新了规制，它在总体形式上采纳了祖陵的形制，保持了庞大的规模，不像慕陵那么"小气"。定陵又根据特殊的需要，做了规制改革。比如大殿周围的石栏杆，裁掉了北、东、西三面石栏杆，而南面和月台上的石栏杆则恢复了；方城前礓磜两侧增添了石栏杆，主要是为了安全，防止从两边掉下去。由于地势陡峻，在登上古洞门的礓磜上，又做了特殊的处理，增加了缓步台，免得人爬上去太辛苦。

其次是钱的问题。

定陵的工程十分浩大，哪来那么多的银子呢？慈禧想了个好办法——使用旧料。哪来的旧料呢？东陵就有，而且是堆积如山。原来，道光皇帝在东陵曾经建了宝华峪陵寝，规模宏伟。可是，后来发生了地宫渗水事件，道光皇帝以此为借口，全部拆除了陵寝。宝华峪陵寝被拆除后，只将木料运到西陵，继续使用，至于砖石瓦料，则被大量遗弃在了东陵。而这些旧料在建定陵的时候派上了用场，使得定陵建陵的时候，至少节省一百多万两。还加快了工期，仅仅用了四年的时间，就完工了。

终于，咸丰皇帝可以入土为安了，从他去世到下葬地宫之中，经过了四年。至此，咸丰皇帝定陵的是是非非全部尘埃落定，可以画一个句号了。

定陵方城明楼

慈禧与妃园寝里的咸丰后妃们

近代，有许多文艺作品演绎了皇帝咸丰的故事，其中关于咸丰后宫慈禧的故事最多。

在电影《垂帘听政》中，慈禧有一个仇人丽妃，两人时常在后宫中争风吃醋。深宫险恶，加之慈禧权欲熏心，她一直与非常得宠的丽妃和"圆明园四春"这几个人争宠，展开你死我活的"宫斗"，这一切看上去似乎很符合大家对后宫的想象。但是，这毕竟只是影视剧的演绎，真相到底如何呢？

先说慈禧的第一个仇人丽妃。

在《垂帘听政》中，非常得宠的丽妃，与同样得宠的兰贵人即慈禧争宠，两人都生了皇子。咸丰皇帝去世之后，兰贵人的儿子继位。兰贵人转身成了高高在上的皇太后慈禧，便想方设法报复丽妃。慈禧将丽妃砍断四肢，挖掉眼睛，熏聋耳朵，割去舌头，装进坛子里面，做成"人彘"；然后扔进厕所，折磨她，直至丽妃凄惨死去。

真相到底如何呢？

首先，人彘是剧作家虚构的。历史上，确实有人彘，是西汉刘邦去世后，掌权

定陵妃园寝

的吕后用来对付曾经得宠的戚夫人的办法。吕后将戚夫人做成人彘，残害致死。

所以，这是一个嫁接过来的故事，并非真实的历史。丽妃与慈禧的关系，也不是电影中演绎的那样；相反，慈禧掌权后，非常关照丽妃。

1.破格晋封丽妃的封号，丽妃升为皇贵妃，跨过贵妃等级，这在清宫中极为罕见。

2.照顾丽妃的后事。丽妃去世后，慈禧定其谥号为"庄静皇贵妃"，为其举办了隆重的丧礼，并且将她置于定妃园寝中最尊贵的位置，第一排，居中而建，非常惹人注目。

3.格外关照丽妃之女。慈禧破格册封丽妃的女儿为固伦公主，按规制，只有皇后所生之女，才可封为固伦公主，妃子所生公主一般为和硕公主；此外，慈禧还为其指婚，帮助她找了个好婆家——一等雄勇公符珍。

再说说慈禧的另外四个仇人"圆明园四春"。

"圆明园四春"的说法源于《清朝野史大观》，该作品内容鱼龙混杂，有正史也有野史。四春娘娘就是《清朝野史大观》里讲到的四个女人，均是汉族女子，分别是杏花春、武陵春、牡丹春、海棠春。

查阅清宫档案，可以发现"圆明园四春"确有其人，她们在宫中还各有封号。经过查阅分析，"圆明园四春"的真相是这样的。

1.这四个人并非全是汉族女子，有两位是满洲人，即察哈拉氏和那拉氏。

2.慈禧与"四春"并无矛盾。咸丰皇帝在世的时候，她们位份低下，均为贵人封号。咸丰皇帝去世之后，慈禧掌权，她们的封号得到提升，分别是吉妃、庆妃、禧妃、璷妃。

3."四春"后事也得到妥善安排。这四位去世之后，慈禧为她们安排了很好的园寝位次，使她们得以入土为安。

慈禧关照了上面五个姐妹，她们之间不是仇敌也没有"宫斗"，她们与慈禧之间也没有发生冲突。这就是真相。

慈禧太后陵寝

慈禧陵寝有"三绝"

慈禧太后

慈禧陵位于咸丰皇帝定陵东侧的菩陀峪，同治十二年（1873年）八月开工，光绪五年（1879年）六月竣工，历时六年，耗银二百二十七万两。

古代帝王对于皇陵，有两大禁忌绝对要避开。一是选好的"风水"不能动；二是建好的建筑不能动。这些都是"万年吉地"的组成部分，不可擅动。

可是，慈禧不管这一套，不能动的她动了，不能干的她也干了。

首先是动了"风水"。因为慈禧陵与慈安陵的志桩不平行，慈禧大动肝火，下令移动志桩，目的就是为了两宫平等，并将前后错开的穴位拉平，这实际上犯了大忌，因为

慈禧陵

一旦动了穴位，按过去讲就等于没有了"风水"。

更让人吃惊的是，因为不满慈禧陵建筑的小破损，慈禧毫不顾忌，不怕忌讳地下令强行拆除了已经建好的陵寝。

实际上，古建筑多为砖瓦木石结构，年长日久出些小问题，比如琉璃瓦爆釉，砖风化，彩画脱落等，都属于正常现象。修修补补即可，没必要拆除重建。

慈禧却一反常态，不满于慈禧陵的现有建筑，光绪二十一年（1895年），她下令将已经建好多年的自己陵墓尽行拆毁。

古代人都很迷信，尤其对陵墓，那可是"风水先生"精心选择，精心定穴，确定下来的。一旦开工建设，就要按部就班，不能轻易改变。为什么慈禧不怕忌讳呢？原来是那些善于溜须拍马的大臣唆使的结果。当时大臣向她报告，说这座陵寝年久失修，出了一些问题，不吉利。

光绪二十一年（1895年），慈禧下令，将建好多年的三大殿全部拆除，重新修建。这可是需要一大笔银子的，哪来这么多钱呢？她受到朝臣的蛊惑，居然动用了海军军费。

重修之后的慈禧陵，被打造成了"三绝"建筑。

第一绝是"木绝"。

一般来说，陵寝建陵都用松柏木，豪华的陵墓有用金丝楠木的，那已经非常不简单了。可是，慈禧陵却使用了最最珍贵的木料——黄花梨木，而且是海南花梨。这种木料世间罕有，成长期极为缓慢，没有百年以上，很难长成大材。明清时期，都是贵族之家做高档家具才使用。可是，慈禧居然用来建筑自己陵寝，是奢华到了极致。据档案记载，慈禧陵的三座大殿全部用珍贵的黄花梨木作为建筑材料，世间罕有，堪称"一绝"。

第二绝是"石雕绝"。

在慈禧陵大殿前面，有一块别致的丹陛石，上面雕刻了一组"凤压龙"的图

慈禧陵隆恩殿内景旧照

案。但见翔凤展翅凌空，张牙舞爪在上；蛟龙曲身昂首，委曲求全在下，四周杂以如意云。这组石雕的凤嘴、凤爪、龙爪等十余处做成透雕，高浮雕加透雕的做法，立体感更强。不仅如此，四周栏板上，还雕刻了凤引龙追的图案，望柱上雕刻了凤压龙的图案。所有这一切，都淋漓尽致地凸显了慈禧太后专权和垂帘听政的时代背景。

第三绝是"金绝"。三大殿使用了大量的黄金进行装饰。

第一种是贴金工艺。慈禧陵三座大殿，并没有像普通帝王陵寝大殿那样，做旋子彩画，它的梁枋架木上不饰彩画，而是直接沥粉贴金，做成金龙和玺彩画。这种彩画是最高级的古代彩画，只在太和殿和太庙才有。慈禧陵的做法是把金块打成薄薄的金帛，再做成各种彩画式样贴上去。

第二种是"扫金"工艺。三座大殿的墙壁之上，全部雕刻成五福捧寿、四角盘长、万字不到头等图案，"扫金"的时候，就是在凹进去的地方扫黄金粉，在凸出来的地方扫红金粉，这样红黄交映的做法，产生了极强的立体效果。

第三种是鎏金工艺。三座大殿有大金柱、明柱、檐柱、角柱等共六十四根柱，每根柱子上，都缠绕一条头下尾上半立体铜龙，龙体鎏金，耀眼夺目。

这三种用金工艺共用掉叶子金四千五百九十二两之多，三座大殿是三座黄金屋，金碧辉煌，靡费之极。

慈禧陵打造的这组黄金屋，淋漓尽致地彰显了墓主人显赫的政治地位，是慈禧太后政治生涯的真实写照。

"最豪华的棺材"里有什么宝物

清代皇家棺材有专用名字，不可乱用。皇帝、皇后、皇太后的棺材叫"梓宫"；皇贵妃、贵妃、妃、嫔的棺材叫"金棺"；贵人、常在、答应的棺材叫"彩棺"。

慈禧的梓宫形状如屋脊，分内外两层，内层叫棺，外层叫椁，合起来叫作棺椁。棺椁的形状和结构很有特色，在棺椁的一头，有一个状如葫芦一样的东西，叫作"葫芦材"，也称之为"旗材"。在关外的时候，葫芦有实际用途，是祭祀时挂貂用的。入关后，这个葫芦不再挂貂，就成为入殓时死者头部对准的位置。

慈禧的棺材用金丝楠木做成。金丝楠木是一种非常珍贵的木材，有香味，呈金色纹理，具有耐腐蚀性，还不易变形。清宫规定，只有皇贵妃以上等级的人才可以用金丝楠木打造棺椁。

这个棺材的外棺，漆饰七七四十九道漆，最外面一层是金漆，金黄耀眼。内棺则是一件精美的剔红器，四面阴刻填金，雕满四大天王的藏文经咒。南面为南方增长天王咒语，北面为北方多闻天王咒语，西面为西方广目天王咒语，东面为东方持国天王咒语，这些咒语用来超度逝者，保佑逝者的安宁。

慈禧的大棺材之所以称为"最豪华的棺材"，不仅仅是上述原因，更为主要的

慈禧棺椁

是棺材内随葬了大量价值连城的珍宝。慈禧执掌朝政达四十七年之久，期间得到了大量价值连城的奇珍异宝，慈禧大殓的时候，这些奇珍几乎都被带进这个大棺材之内。

她的棺材内到底都有些什么呢？

珍珠、玛瑙、翡翠、玉石等，总之一句话，什么值钱装什么。

现今，记载慈禧棺内葬宝的资料大体有两种：一种是清宫档案《清孝钦显皇后陵寝史料》，其中包含有"随葬物品""山陵供奉""陵寝陈设"等；另一种是《爱月轩笔记》。

按照《爱月轩笔记》的记载，慈禧在皇极殿大殓，是她的侄女隆裕太后指挥的。先在棺材底部铺上一层厚厚的褥子，上面铺满大珍珠，然后把慈禧抬起来，放到珍珠上，然后，把大量价值连城的珍宝一件件放在慈禧的尸体周围。这些珍宝，都是人们闻所未闻的，有翡翠白菜、翡翠西瓜、碧玺大莲花、各色水果形状的宝石等等，装了满满一棺。这一切，一直守候在一旁的李莲英看得一清二楚，默记于心。

这些奇珍异宝，个个价值连城，有人统计，棺材中的宝物价值约五千万两，也有说价值近一亿两白银的。所以，有人说"慈禧葬物若能追回，足以富国"。而这，恐怕也是盗匪选中此陵盗掘的原因。

孙殿英盗慈禧陵始末

1928年，孙殿英一伙盗匪打开了慈禧的棺材。

资料记载，地宫的入口被"金刚墙"挡住。金刚墙在哪儿呢？按照规制，爬上礓礤，是古洞门，古洞门北头就是金刚墙的位置。

盗匪们接到盗掘慈禧陵地宫珍宝的任务之后，心里便忐忑起来。大家都知道慈禧地宫珍宝价值连城，但也知道慈禧生前狠辣，杀人无数，她的地宫里很有可能装了机关暗器。一旦机关启动，自己可能会有去无回。盗匪们费尽九牛二虎之力打开慈禧地宫入口之后，一股黑烟喷涌而出，伴随着巨大的冲击力。盗匪们吓得四散而逃，直到一切平息，才知道是虚惊一场，地宫内并没有机关暗器。这种黑烟及冲击力，是地宫封闭二十多年后，打开内外压力差造成的。

盗匪们进入慈禧陵地宫之后，被巨大的石门挡住了去路。石门重约三吨，要打开它谈何容易。盗掘慈禧陵用了一个团的兵力，团长为颛孙子瑜。他们采用极其野蛮的办法刀劈斧砍，石门纹丝不动，无法打开。最后，不得已找到了老守陵人，威逼利诱之后，老守陵人说出了打开石门的技巧："一定要先移开门后的自来石，门可自己打开。"盗匪们恍然大悟，照做之后，石门被打开了。

打开两道石门之后，盗匪们来到金券，看到一个小房子一样的大金棺材矗立在那儿。他们举起松子火把，你推我推你地向前拱。透过火光，一口大大的金色棺材卧在石床之上，盗匪们寻思着，这一定是慈禧的金棺了。颛孙子瑜命令盗匪持枪在四角站好："快快，架起机关枪，对准棺材！"说完，颛孙子瑜便"扑通"一声跪在了慈禧高大的棺材前面，连连叩了三个响头，道："老佛爷，请你原谅我们，我们没有办法，为了筹集军饷，奉孙军长命前来打搅您，您大恩大量，千万别生气，别伤我们。"说完再叩三个头。

接下来，匪徒们开始劈棺。

慈禧外棺被砍得七零八落，鲜红华丽的内棺露了出来。颛孙子瑜叫道："停，不要砍了，不然就弄坏了珍宝，你们给我小心翼翼地撬开。"盗匪们寻找缝隙，一

慈禧地宫

点点撬开了内棺。

就在内棺被撬开的一刹那，奇迹出现了，有资料这样记载："只见霞光满棺，兵士每人执一大电筒，光为之夺，众皆骇异。"这是盗匪们的回忆，印证了《爱月轩笔记》的记载，满棺的珍宝释放出了奇异的霞光，夺去了众多手电筒的光芒。

接下来，匪徒们见证了一个历史奇迹——慈禧尸身未腐。

在万道霞光中，盗匪们看到了慈禧："西太后面貌如生，手指长白毛寸余。"

慈禧死于1908年，至此已经整整二十年了，尸身为什么没有腐烂呢？还这么安详地像是睡着了一样。据专家考证，慈禧没腐烂的关键是肚子排空了，没有腐殖质。

还有一个原因，就是棺材密封得好，空气进不去，尸身不会氧化。棺材分为两层，内棺密封，外椁也很封闭；棺材之内的大量玉器又有防腐的功用，所有这一切，是慈禧尸体得以没有腐烂的原因。

正当盗匪们诧异慈禧尸身不腐之际，他们看到了毛骨悚然的一幕：慈禧面部动了起来，她睁开了双眼，甚至张开了嘴。盗匪们吓得魂飞魄散，四散而去，大声喊道："糟了，老佛爷诈尸了。"

实际上，慈禧并未"诈尸"，而是她的尸身封闭二十年后，突然见到空气，发生了氧化，面部肌肉产生松动，盗匪们产生了幻觉。

慈禧墓里最珍贵的宝贝——夜明珠

慈禧在光绪三十四年（1908年）十月二十二日下午两点四十五分去世，当时，她不在紫禁城里面，而在西苑仪鸾殿。趁着慈禧尸体还没有完全僵硬，隆裕太后下令为慈禧太后举行小敛。小敛持续了五十五分钟，完成了穿寿衣、"压舌"等任务，整个过程是很迅速的。

"压舌"的时候，隆裕先是命人掰开了慈禧的嘴，把一颗大大的夜明珠塞了进去，接着穿寿衣，一层又一层，春夏秋冬的衣服都有，穿戴齐全。

《公羊传》记载："含者何，口头实也。"老百姓没有珍贵的东西，所以向死去的长辈嘴里塞什么的都有，有塞铜钱的、金银屑的，还有塞木屑的等，这要看具体条件了。而宫中的女主们死后，则是按照等级向嘴中塞珍珠，地位高的要塞大珠子，地位低的就只有塞小珠子了。

慈禧的"含口"是一颗大大的夜明珠，为什么用夜明珠"压口"呢？主要有两个原因：

一是慈禧喜欢珍珠，尤其喜欢东北三江流域的珍珠，清代称之为"东珠"或

"正珠"。清代民间不许采珠，只有皇家才可以。慈禧对珍珠的喜爱非常明显，她曾经有一个大网状珍珠披肩，上缀珍珠三千多粒；而她棺材内的殉葬品中就有大量珍珠，包括她的三套寿衣以及陀罗尼经被上面，都缀满珍珠。

关于慈禧爱珠如命，还有一个有趣的故事。光绪十六年（1890年）清明节，慈禧亲临陵寝金井投宝，以为镇墓。这批宝贝中有一件不同寻常的，可以说是慈禧最喜爱的宝贝。档案记载："钦奉懿旨交下正珠手串一盘，黄碧玺葡萄鼠珮一件，红碧玺葫芦蝠珮一件，绿玉佛手别子一件，红碧玺双喜珮一件。"（《菩陀峪金井安放账》）那件正珠手串，共有十八颗大珍珠，四颗小珍珠，上面附有各式宝石，有红碧玺、绿玉、珊瑚、茄珠等，慈禧本一直戴在腕子上。而慈禧忍痛把这件宝贝摘下来投到金井里面，势必是下了一番决心的。

这件宝贝，在八年后又发生了一段意想不到的故事。光绪二十四年（1898年），慈禧派内务府的人悄悄去东陵取走了当年投进金井的那串珍珠手串。据说，后来慈禧在接见外国公使夫人时还亮出了这件宝贝，华光闪闪，把人都看呆了。由此可见慈禧对珍珠的喜爱。

二是女人"压舌"要用珠子。慈禧"压舌"用的便是那颗大大的夜明珠。

今人对这颗夜明珠进行了科学探估，专家们认为应该是萤石类的宝石，夜间可以发出一种光芒。不过不会是一般的萤石，最终也没有结论。

那么，盗匪们是如何获得这颗夜明珠的呢？

这颗珠子在慈禧的嘴里面，"压着"舌头，是盗匪们最想见到、最想得到的珍宝。盗匪们将慈禧的尸体拉出来，使劲抠，以为可以轻而易举得到它。但是死人牙关紧闭，根本抠不出来。盗匪们便将慈禧吊起来，头朝下，拍打尸身，还是吐不出来。情急之下的盗匪便残忍地用刺刀在她的脸部刺了一刀，《耆龄日记》记载"唇下似有残破"，今天看到慈禧的尸体照片，可以清楚地看到这个大刀口，匪徒们就是从这个刀口处取走了夜明珠。

盗匪们取出夜明珠后，发现竟然是两半的，分开毫无光芒，一旦合拢，便立即释放出奇异的光芒，黑暗之中，十步之内可照见发丝。

慈禧墓盗案发生后，国内一片哗然，无论朝野上下，还是清朝宗室，都要求国民政府惩罚盗陵犯。孙殿英见势不妙，将这个价值连城的奇珍夜明珠送出去。据说是送给了宋美龄。

慈禧为什么拆除已建成的三大殿？

大家对慈安的认识，一般是唯唯诺诺，非常软弱，事事听命于慈禧的摆布。真实的慈安是这样的吗？

从陵寝上看，慈安并非如此，她不仅不软弱，而且还非常强势，并不逊于霸道的慈禧。

第一，在陵寝的设计上，她敢于拍板，敢于超越。

两宫太后的定东陵数易其稿，慈安太后盯得很紧。

定东陵的设计，一开始由恭亲王奕䜣负责。奕䜣按照祖制，将两宫太后安排在定陵妃园寝中。慈安、慈禧看后，不满意。实际上，这是咸丰皇帝的安排，让两宫太后和其他妃子们葬到一块儿，也是家法和祖制的要求，因为

慈安太后像

她们婆婆的慕东陵就是这么设计的。但是慈安、慈禧不同意，废掉了这个方案。

之后，设计人员再出方案，给两位太后单建一座陵寝，传世的样式雷图纸揭示了这一方案，把慈禧、慈安二人安排在同一个院落里面，只不过各造两座地宫而已。这个设计已经很超前了，但是，两位太后仍然不满意，这个方案再次遭到摒弃。

最终建了两座同样规模的皇后陵，形成最高规格的方案，这种设计可谓空前绝后。

第二，两宫陵寝位置优劣对比，慈安陵远远高于慈禧陵。

从陵寝实际位置来看，慈安陵在西侧，慈禧陵在东侧，而清代尚左，所以慈安陵的位置高于慈禧陵。另外，清朝有规定，谁的陵墓距离丈夫的近，谁就地位尊崇，两位太后的丈夫咸丰皇帝的定陵在西边，位于西边的慈安陵位置当然要高于慈禧陵的位置了。

从主与次的关系对比上，慈安陵为主，慈禧陵为附属。比如在神道的连接上，慈安陵直接与咸丰皇帝定陵神道相连接，而慈禧陵的神道则没有与之相连，只能与慈安陵的神道相连接，经慈安陵神道最终并入定陵神道，体现了慈安陵的主体地位，而慈禧陵是处在附属的地位上。

第三，慈安支持建陵超越规制。

两座定东陵的规制非常超越，几乎让清代所有的皇后陵为之逊色，包括盛世之下建立的泰东陵。

慈安、慈禧陵的丹陛石上，雕刻的是凤压龙的图案，这与中国传统的政治伦理完全相悖。按照规定，无论皇后陵还是皇帝陵，丹陛石一律为龙凤相戏火珠。可是，两座定东陵一律为凤压龙图案，这样乾坤倒置的图案，是得到慈安大力支持的结果。

历来，中国女子不立碑，就连大名鼎鼎的武则天也是无字碑。可是慈安陵里面，就有两通石碑赫然挺立：一通在明楼里面，上面雕刻着"普祥峪定东陵"；一通在最前方的神道碑里面，上面赫然雕刻着慈安太后长长的谥号。这座神道碑亭，

慈安陵神道碑亭

实属超越建筑。

慈安陵的用银达到二百六十六万两，慈禧陵用银为二百二十七万两，相差近四十万两。所以说，慈安陵是优于慈禧陵的。

也正是这个原因，光绪七年（1881年），慈安暴亡之后，处处好强的慈禧决定自己陵寝要超过慈安陵，光绪二十一年（1895年），大权独揽的慈禧找到了借口，将原已建好的慈禧陵三大殿全部拆除，重新修建，耗费了巨额银两，将慈安陵的耗银远远甩在了后面。慈安万万没有想到，她死之后，慈禧会如此做，如此胆大妄为，改建了已建成的陵寝。

同治皇帝陵寝

同治惠陵修建中的曲折故事

同治皇帝朝服像

同治皇帝的陵寝叫惠陵，位于清东陵东南方的双山峪。这座陵寝建于同治皇帝病逝后九个月，即光绪元年（1875年）八月初三，到光绪四年（1878年）九月全工告竣，历时三年多的时间，共用银两四百三十五万九千两之巨。

在东陵，流传着一个非常有趣的话题——因为同治皇帝没有生育子女，慈禧很生气，便断掉了同治皇帝惠陵的神路。他的神道是一段断头路，即神道尽头未与孝陵主神路相连接。那么，事实真相是什么呢？

按照大清家法："向例，皇帝登极后，即应选择万年吉地。"（乾隆朝

《上谕档》)同治小皇帝一继位，慈禧就应该为他选择万年吉地，继而为他建筑一处规模宏大的帝陵，以备不虞。这是祖制的要求。可是，慈禧不仅没有为同治建陵寝，甚至连万年吉地都没有选择。慈禧是成心不给他选择万年吉地，还是另有隐情？

这种局面的出现，主要有三个原因。

第一，同治皇帝年幼继位，建陵一事暂未考虑。同治皇帝之前的年幼天子只有两位：一位是顺治皇帝，六岁继位；一位是康熙皇帝，八岁继位。年幼天子继位，朝廷一般不考虑建陵问题，可能是认为过早建陵没有用处。

第二，两宫太后一直忙碌，无暇顾及小皇帝的陵寝问题。当时的朝廷历经太平天国、捻军起义、英法联军入侵等事件，内忧外患，没有足够的钱和精力建陵，所以，定陵工程不得不使用宝华峪陵寝的废弃旧料。花了四年多的时间，定陵才建成，耗费清朝三百多万两的白银，再加上定陵妃园寝的建筑，已经是精疲力竭了。慈安、慈禧陵寝最终在同治十二年（1873年）八月开工建设，直到同治皇帝去世，两座太后陵寝仍在紧张的施工过程之中，耗费了朝廷大部分精力，哪还有精力为同治这个小皇帝建陵呢？

第三，母子失和，在为儿子建陵的问题上，慈禧没有积极性。慈禧母子关系紧张，无论是大婚选择皇后，还是皇帝婚后婆媳相处，慈禧与同治都有不和。既如此，慈禧当然不会积极为他选建万年吉地了。

同治十三年（1874年）十二月初五，同治皇帝去世之后，慈禧仍未给他建陵。那么，慈禧这是为什么呢？

1.找接班人。《翁同龢日记》记载："酉刻，帝崩逝，戌正，太后召见诸臣入，谕云：此后垂帘如何？"都说母子连心，如今白发人送走了黑发人，慈禧首先想的是垂帘听政。慈禧与慈安紧急商量，精心策划，最终让自己的亲外甥光绪继位。同治皇帝死后第二天，光绪皇帝入宫。

2.为垂帘做准备。同治皇帝死后第四天，慈禧命礼亲王商议《听政章程》，但是，她又十分担心光绪皇帝的父亲醇亲王奕譞成为太上皇，那样的话，权柄下移，自己不就白忙活了吗？于是，慈禧逼奕譞在同治皇帝死后第四天，赶忙上了一个折子，叫作《豫杜妄论》，表明自己的心迹，辞去一切差使，做一个闲人。

所以，这段时间，可把慈禧忙坏了，她是为了她自己的权力而忙。

同治皇帝死后的十天时间里，慈禧太后经过斡旋，摆平各方势力，赢得了垂帘听政的机遇。一切安排妥当，慈禧才开始办同治皇帝建陵的事。她下旨："大行皇帝梓宫奉安山陵，亟应选择佳壤。"（《惠陵工程记略》）

在给同治皇帝建陵时，一方面，慈禧舍不得儿子，不惜违背祖制，在东陵建陵。从档案资料中可以得知，慈禧讨厌同治皇帝和他的皇后阿鲁特氏。按照常理，同治皇帝的陵寝建得越远越好。再说，按照东西陵分葬的家法，同治皇帝理应在西陵选择吉地，这是乾隆皇帝早年制定的规矩，也是祖制"昭穆之制"。

可是，当奕䜣上折，"以理，则九龙峪固佳；以情则臣下不敢言"（《翁同龢日记》），请示在东西陵选择的时候，慈禧居然下旨："双山峪著定为惠陵，即行择吉兴工。"（《清德宗实录》）可以说，这是乾隆皇帝制定"昭穆之制"后第一次被明目张胆地破坏，看来慈禧真的是"太爱"儿子儿媳，舍不得他们葬到西陵去。

另一方面，慈禧极力降低惠陵规制。万年吉地定下来了，但按什么规制来修建呢？王公大臣们把折子递了上来，请示办法。

开始的时候，慈禧毫不犹豫地批示："著照定陵规制。"（《清德宗实录》）这是很草率的决定，既没有征求意见，也没有经过考证，完全是冲动的决定。很快，慈禧变卦了。光绪元年（1875年）四月初七，慈禧下懿旨："惠陵现在择吉兴工，除神路石像生勿庸修建外，其余均照定陵规制。钦此。"（《惠陵工程记略》）慈禧的这个决定，断掉神路，裁撤石像生，等于贬损了儿子、儿媳，令人不解。按照规定，每座帝陵都要设计神道，再与孝陵主神路相连，表示大清皇帝一脉相承。神道，顾名思义，是墓主人灵魂走的路，没有神道，墓主人就无路可走了。断掉神路，不仅不吉祥，还惹人非议。这不等于慈禧公然贬损儿子、儿媳吗？

慈禧到底是爱自己的儿子，还是憎恨儿子呢？如果不爱儿子，怎么能够破坏祖

惠陵

制，而将儿子葬到自己身边呢？如果爱儿子，又怎么忍心断掉神道，使之遭后人诟病呢？真是说不清道不明的一件事。

当地老百姓传出这样的故事：由于同治皇帝没有生育一儿半女，断了大清的皇嗣，慈禧便一怒之下，断掉了惠陵的神道，以示惩罚。当然，这未必是真实的原因。

命途多舛的同治皇后阿鲁特氏

阿鲁特氏，出身、相貌、才气，均出类拔萃。她出身高贵，是官宦人家的大家闺秀，父亲崇绮是清代唯一一位旗人状元；她长相端庄，秀丽逼人；她非常有才，琴棋书画无所不通，尤其擅长书法，又非常善于左手书法，书写大字。

阿鲁特氏在京城远近闻名，吸引了许多京师的贵胄子弟，成为时人追逐的目标。可是，作为旗人之女，她不能随便嫁人，她要等"撂牌子"之后，也就是皇帝选看之后，对她不感兴趣，她才可以嫁人。

同治十一年（1872年），十七岁的同治皇帝宣布将在全国大选秀女，他要大婚了。那些旗人家中待字闺中的女子，都必须参与选秀女，阿鲁特氏也在其中。

当然，大家都希望中选入宫，成为皇帝的老婆，过上荣华富贵的生活。经过一轮又一轮的选拔，皇后的候选人剩下两位：阿鲁特氏与富察氏。

最后究竟谁会脱颖而出呢？这个过程，争夺得非常激烈。一方主张选择阿鲁特氏为中宫皇后，这个阵营的主力是慈安太后，慈安喜欢稳重的阿鲁特氏，喜欢她的才气；另一方则主张富察氏（三品侍郎凤秀之女）为中宫皇后，这个阵营的主力是慈禧太后，因为慈禧太后喜欢这个小女孩的漂亮、机灵。

大家各执一词，互不相让。

这件事有三位关键人物：慈安、慈禧和同治皇帝。

慈安是正宫，东宫，有话语权；慈禧虽是西宫，但她是同治皇帝的生母，同样有话语权。到底要选谁为中宫呢？虽然古代讲"父母之命，媒妁之言"，可同治皇帝毕竟是皇帝，他也有话语权。同治皇帝的决定令所有人都大吃一惊，他居然站在了慈安太后的一边，否定了生母慈禧太后的决定，选择了阿鲁特氏。《清穆宗实录》记载："兹选得翰林院侍讲崇绮之女阿鲁特氏，淑慎端庄，著立为皇后；员外郎凤秀之女富察氏，著封为慧妃。"这究竟是为什么呢？

孝哲毅皇后朝服像

首先，年龄原因。阿鲁特氏生于咸丰四年，比同治皇帝大两岁，比较成熟。而凤秀之女则小得多，比同治皇帝要小三岁。而同治皇帝选择皇后的标准是"择贤作配，正位中宫，以辅君德，而襄内治"（《清列朝后妃转稿》）。符合这一点的，正是阿鲁特氏。

其次，同治皇帝喜欢稳重的女人。凤秀之女富察氏与阿鲁特氏相比，长相俊美秀气，绝对是漂亮的女人。但此人略显轻佻，不具备母仪天下的气质。可是，由于慈禧喜欢她，同治皇帝一时拿不定主意。

这里面还有一个故事，同治皇帝为了考验二位皇后候选人，想了个办法。他把一碗茶水泼在地上，让两位从上面走过去。富察氏先走，她年纪小，又爱美，经过时，便低下头，提起了裙摆，免得被茶水弄脏；而阿鲁特氏经过时，则迈着稳重的步伐，目视前方，庄重严肃地经过，没有一点儿失礼之处。同治皇帝见状，心里便有了答案。

再次，同治皇帝喜欢有才华的女人。阿鲁特氏出身于书香世家，她的父亲崇绮是一位状元，书法、诗文俱佳。受此影响，阿鲁特氏具备很高的文化素养。据记载，崇绮亲自教育女儿，刻苦读书。阿鲁特氏也很努力，读书一目十行，书法也十分精湛，而且能够左手写大字。《清宫词》里有一首诗这样赞美阿鲁特氏："蕙质兰心秀并如，花钿回忆定情初。珣瑜颜色能倾国，负却宫中左手书。"

最终的结果是阿鲁特氏成为中宫皇后，而慈禧喜欢的富察氏屈居妃位。慈安胜利了，同治皇帝遂心了。可是，慈禧太后会甘心吗？

残酷的"宫斗"就这样开始了。

这次"宫斗"，不像阿鲁特氏入宫时那么简单了，阿鲁特氏成为婆婆慈禧的眼中刺，受尽了折磨，苦不堪言。尤其是同治十三年（1874年）十二月初五，同治皇帝去世，阿鲁特氏失去了靠山。慈禧为了揽权，继续垂帘听政，居然选择了与同治皇帝平辈的光绪继位。光绪即位，阿鲁特氏的处境极为尴尬。因为她是光绪皇帝的寡嫂，当光绪皇帝长大之后，自己要怎样立足呢？于是她"以孝钦不为穆宗立后，以寡嫂居宫中，滋不适，乃仰药殉焉"（《清稗类钞》）。这样，在同治皇帝去世七十五天后，阿鲁特氏自杀了，年仅二十二岁。

关于阿鲁特氏的死，有资料记载是吞金自杀，也有说是绝食身亡。阿鲁特氏死了，虽然冤屈，可是深宫恩怨太多，谁都不会再记起她。1945年底，惠陵被盗掘的时候，盗贼劈棺扬尸，阿鲁特氏再次进入人们的视线之中。盗匪惊奇地发现，阿鲁特氏死后七十多年，尸体居然没有腐烂，而同时入葬的同治皇帝尸体却早已朽烂。盗匪们将阿鲁特氏的尸体拉出来，开膛破肚，企图寻找当年吞下的那块黄金……

"宫斗"：想代替皇后地位的慧妃

在同治皇帝的后宫，还有一个"宫斗"事件。这次"宫斗"的发起者是一个小妃子——同治皇帝的慧妃富察氏。富察氏出身于一个三品官员之家，父亲凤秀是侍郎，出身并非显赫。

慧妃挑战的人，是皇后阿鲁特氏。皇后对慧妃的"挑战"并不在意，她认为自己能保住皇后的地位，因为：

1.皇帝宠幸。皇后与同治皇帝志同道合，两个人经常在一起切磋诗文。阿鲁特氏的才气深深吸引了同治皇帝，所以，帝后二人经常在一起，耳鬓厮磨，感情深厚。还有就是皇后享有接近皇帝的特权，比如每年春节期间的年三十晚上、正月初一、初二这三天，皇帝必须到皇后寝宫就寝。

2.太后支持。慈安太后支持阿鲁特氏，喜欢皇后，两个人走得很近，形同母女一般。

妃后双方经过"较量"，表面上看，皇后获胜，无可争议。可是，局面很快发生了变化。原来慈禧按照自己的好恶，强行干涉皇帝的夫妻生活。而且，带有很强的倾向性，使局面一下子出现了逆转。

阿鲁特氏才貌俱佳，但是慈禧不喜欢她。

首先，因为皇后与慈禧的兴趣爱好迥然不同。阿鲁特氏出身于书香门第，有很高的文化素养，不喜欢市井俗气的东西。比如看荒诞之戏，她就不太喜欢，尤其不喜欢看那种非常低级趣味的戏剧。而慈禧不但喜欢，还总是要求皇后陪着她看。皇后没有办法，在看到不喜欢的场景时，会把脸转过去，面朝墙壁，表示抗议。因此，慈禧对她很是不满。

其次，阿鲁特氏为慈禧的政敌郑亲王端华的外孙女。端华在"辛酉政变"中，被慈禧处死，是敌对的关系。皇后作为端华的外孙女，慈禧当然会有先天性的排斥心理。

这样，有了婆婆慈禧太后的支持，结果不言而喻，慧妃获得了胜利。

慈禧先是横加干涉同治皇帝夫妻生活，不让皇帝去皇后寝宫。接着，又强迫皇帝去慧妃宫中。

慈禧太自信了，她操纵同治皇帝的后宫，扳倒皇后，扶持慧妃，并且向慧妃做出承诺，开出了两张"支票"。

一是准备继位中宫。同治十三年（1874年），慈禧不顾一切地晋封慧妃为皇贵妃，而这时，皇后阿鲁特氏还健在，慈禧这种做法犯了大忌，给阿鲁特氏以极大的心理压力，最终导致皇后抑郁寡欢。慈禧的这种做法同时使得慧妃产生了虚幻的感觉——有一天可以取代阿鲁特氏，入主中宫。

二是设计最高规格的陵寝。慈禧想给这个自己中意的儿媳建一座最体面、最壮观、最豪华的妃园寝。慈禧找来恭亲王、醇亲王，授意他们要高规格修建惠陵妃园寝，并亲自指示，亲自规划，并在普通妃园寝的基础上，增加东西配殿、方城明楼、台石五供。如果这一方案实施，这座妃园寝将大大突破祖制，甚至会高于盛世建筑的景陵皇贵妃园寝，成为清代最高规制的妃园寝。

然而，慧妃没有如期实现自己的"宏伟目标"，慈禧开出的"支票"也没能兑现。

同治皇帝既不去皇后寝宫，也不去慧妃寝宫，而是去了"八大胡同"，使皇

惠陵妃园寝

后与慧妃孤守空房。有资料记载，同治皇帝甚至在酒肆风流时，撞见了兵部尚书毛昶熙。

慈禧对慧妃的鼓励，包括将来封号的晋升，成为后宫主人等等这一切，到同治十三年（1874年）十二月初五，同治皇帝去世，全都化为了泡影，慧妃的封号永远定格在皇贵妃这个等级了。

不仅如此，就连最高规格的妃园寝也被取消了。原因是这个方案一出炉，就遭到极大抵制。设计方案仅仅维持了几个月的时间，慈禧就不得不收回成命。这座妃园寝最终没能有任何突破，一切回归正常，慧妃的希望又一次在幻想中破灭了。

孝庄太后陵寝

奶奶出难题：不回东北，葬在东陵

孝庄文皇后常服像

孝庄太后的陵寝叫昭西陵，昭西陵位于清东陵"风水"围墙外面东侧，是清代两位帝王为其修建的陵墓：康熙皇帝修建了暂安奉殿，雍正皇帝则将暂安奉殿改建为昭西陵。

现在我们要讲的是"奶奶出难题"故事，这位"奶奶"就是大名鼎鼎的孝庄太后，皇太极的永福宫庄妃，顺治皇帝的生母，康熙皇帝的奶奶，电视剧《孝庄秘史》中的大玉儿。

奶奶出的难题是什么？我们先看一段档案，《清圣祖实录》这样记载：

"太宗文皇帝梓宫安奉已久，不可为我轻动，况我心恋汝皇父及汝，不忍远去，务于孝陵近地，择吉安厝，则我心无憾矣。"

这是康熙二十六年（1687年）十二月，孝庄太后弥留之际，对一直守候在床前的康熙皇帝安排自己后事的时候，留下的一份遗嘱。意思就是，我死之后，不回东北去，不安葬在皇太极昭陵里面，把我葬在东陵就好了。

为什么说这是一道"难题"呢？

第一，它违背了"夫妻合葬"的习俗。西周时，诸侯国君的王墓开始出现夫妻合葬的现象。这种合葬，《十三经注疏》解释："周公以来始有合葬，至今未改。"所以，我们中华民族在丧葬这个问题上，一贯主张要夫妻合葬，这是一个传统，相传不替。孝庄太后要求葬到东陵，要夫妻分而葬之，这对于康熙皇帝来说确实是一个大难题，他无法解决。

第二，孝庄太后不回葬昭陵的理由并不成立。孝庄不回东北，不与丈夫皇太极合葬，给出了一个理由是"卑不动尊"。唐朝的严善思确实说过"尊者先葬，卑者不得入，以卑动尊，术家所忌"这样的话。孝庄太后以此为据，说不忍心因为自己打开封闭已久的丈夫皇太极的地宫，惊扰丈夫的亡魂。

但是这个理由其实是站不住脚的。死于顺治六年（1649年）的孝庄的姑姑孝端文皇后，就在第二年的三月，开启了昭陵的陵殿，葬入昭陵，与丈夫皇太极合葬；康熙二年（1663年），昭陵营建地宫的时候，帝后二人同日葬入。

而且，按照清代后来的惯例，即使孝庄太后的棺材回到东北去，也不一定非要打开昭陵地宫，也可以在昭陵附近再建一座皇后陵。清朝有好多这样的实例，比如死于康熙年间的孝惠章皇后就没有打开孝陵地宫，而是在孝陵东边另外建了一座皇后陵，即孝东陵；之后又建了六座皇后陵，都是这种情况。所以，孝庄遗嘱不回东北的理由并不充分。

第三，东陵没有合适的地方为之修建陵寝。孝庄太后无法在"风水"围墙之内营建陵寝，因为辈分不对。孝庄的儿子顺治皇帝在围墙之内占据了最好的地方，同时也是最中间的位置。按照儒家经典《周礼》"先王之葬居中，以昭穆为左右"的说法，顺治皇帝以后的任何一位帝王的陵寝，都要以孝陵为中心，向两侧次第展开

康熙皇帝读书像

建陵。那么，孝庄要是进入"风水"围墙之内的话，就必须围绕孝陵，以孝陵为中心，这样辈分就乱了。所以，孝庄无法在东陵内建陵。

孝庄既然出了这道"难题"，孝顺的康熙皇帝就必须给出解决方法，要知道，康熙皇帝与奶奶的感情至深至厚。

康熙约两岁时出过天花，必须到宫外避痘，小小年纪孤苦伶仃，是孝庄安排人帮助他渡过"鬼门关"。据说是孝庄安排苏麻喇姑前往守护，精心照料，才保住了康熙一条小命。

顺治皇帝临终之际，要立一位远房的兄弟继位，是孝庄使用计策，一语定乾坤，确定由顺治皇帝从皇子中选择接班人，小康熙被选中即位。

孝庄极尽心力辅佐康熙，无论擒拿权臣鳌拜，平定三藩叛乱等等，孝庄处处为他出谋划策，指点迷津，最终取得胜利。

所以，对康熙皇帝来说，奶奶最重要，他要为奶奶做点儿什么。

1.每日问安。皇帝问安太后，不必每日都去，隔几天也可以，皇帝太忙的时候，可以不去。可是，康熙皇帝每日问安慈宁宫，风雨无阻。

2.出行必牵挂奶奶。每当康熙出巡各地，有好吃的、好玩的、好看的必先给奶奶，或命人千里迢迢将物品送至宫中，孝敬奶奶。

3.为之祈祷。当奶奶病重的时候，康熙皇帝从紫禁城步行到天坛祈祷，表示虔诚；康熙皇帝甚至不惜祈求上天减少自己十年的寿命，给奶奶加上，此情此景，令人感动。

4.床前尽孝。奶奶弥留之际，康熙皇帝寸步不离，侍奉左右，水浆不进，等等。

所以，这么孝顺的康熙皇帝，对奶奶的陵墓一定会谨慎行事，不会鲁莽。他会怎么做呢？

康熙皇帝经过反复思考，终于想出了一个万全之法——选择了清东陵大红门外左侧地方。因为清代尚左，崇尚东边。这个位置的选择，巧解了无处选址的难题。

康熙皇帝为孝庄修建的陵寝叫"暂安奉殿"，这里关键是一个"暂"字，他自己不解决祖母的万年吉地，只做暂时安排，留给后人解决。从康熙二十七年（1688年）到六十一年（1722年），暂安奉殿存在了三十四年。

康熙皇帝以自己的聪明才智，解决了奶奶留下的这道大难题。

孝庄太后的陵寝：把故宫拆建到东陵

孝庄太后去世之后，康熙皇帝经过仔细思考，解决了奶奶的葬地问题，即在东陵"风水"围墙的外面东侧选建陵墓。可是，接下来，康熙皇帝又面临了两个新难题。

一是不知道移灵何处。

所谓"移灵"，就是移动棺材。康熙皇帝是舍不得奶奶移灵的，可是，满族旧俗，"年内丧事不过年"，也就是年前去世的丧事，必须在年前处理完毕，灵柩必须在年前移出去，不可以在宫中过年。

孝庄逝于康熙二十六年（1687年）十二月二十五日，康熙皇帝既已决定遵照祖母遗嘱，在东陵安葬奶奶，算是解决了陵寝大事。可是，由于时间紧迫，暂安奉殿还没建好。而按照满洲风俗，灵柩必须在年前出殡，将棺材移出宫外；否则就不吉祥了。孝庄文皇后死于腊月二十五，距离过年还差五天的时间；这样，王公大臣们议定在腊月二十九移棺。

康熙皇帝却坚决不允许，他下旨道："尔等所云忌讳，只为朕躬；朕殊不避忌。朕前祷天坛，尚欲减朕年，以增太皇太后之寿，岂以梓宫逾年发引，顾有避忌之理乎？如有所忌，朕躬当之。"（《康熙朝起居注》）意思是说我知道你们是为我好，但是，我不信那些；而且，我曾经到天坛祈祷，祈求上天减少朕的寿命，以增加太皇太后的寿命；如果真有什么不好的话，都是我一个人的事，与你们无关。

可是，奶奶的棺材也不能总在宫内停留啊。最终，康熙皇帝决定于正月十一将孝庄的梓宫移出宫外，孝庄的棺材就这样破天荒地在宫中过年了。

正月十一，移灵的日期到了，可是却不知道移往何处。大家议论纷纷，没有结论。康熙皇帝提出了一个原则，必须近点儿，不能太远了，这样他想奶奶的时候，看着方便。最终，孝庄太后的棺材被移到朝阳门外殡宫，离紫禁城不远，康熙皇帝比较满意。

第二个难题是不知道如何给奶奶建"新家"。

孝庄太后叮嘱康熙皇帝，要在东陵落葬，就等于在东陵"安家"。东陵就是她

昭西陵

的万年吉地，永久的家了。

要如何给奶奶建这个家呢？康熙皇帝没有思路，因为没有现成的皇后陵可以参考。之前的努尔哈赤没有皇后陵，皇太极没有皇后陵，顺治皇帝的皇后陵还没有设计。而清朝的前朝明朝根本就没有皇后陵，康熙皇帝无法参考前朝的经验。

没有办法，康熙皇帝只好先看看之前的做法，就是入关后逝世的几个帝后妃，她们的暂安地可以做个参考。孝庄太后之前去世的有这么几位：董鄂妃，逝于顺治十七年（1660年），在寿皇殿暂安；孝康章皇后，逝于康熙二年（1663年），在坝上殡宫暂安；孝诚皇后，逝于康熙十三年（1674年），在沙河殡宫暂安；孝昭皇后，逝于康熙十七年（1678年），在巩华城殡宫暂安。这些殡宫，由于时代不同，规制各异，总之是临时的场所，很简略。康熙皇帝对比、参考，觉得没有意义。

但是，奶奶的葬地规制问题已经迫在眉睫了，中国人讲入土为安，奶奶在朝阳门外殡宫，是临时的停灵处，百日后，必须移灵到陵寝，移到奶奶的"新家"。所以，尽快建成这个新家，让奶奶早日入土为安，才是正事，大事。

康熙皇帝思来想去，没有思路。突然，他想到一座大殿，就在慈宁宫东边，奶奶曾经屡屡称赞。《圣祖仁皇帝实录》这样记载："伏思慈宁宫之东，新建宫五间，太皇太后在日，屡曾向朕称善，乃未及久居，遽尔遐升。"

这座大殿用料好，金丝楠木的木料，非常难得；地砖是正宗的苏州金砖，密度极高，可以做磨刀石；规制高，重檐庑殿顶，是最高规制；黄色琉璃瓦覆顶，有帝王气概；面阔五间，进深三间，规模崇宏，是一座极好的建筑。可惜，这座大殿在紫禁城内，距离东陵遥远。康熙皇帝想，如果可以建一座这样的大殿就好了，奶奶一定很喜欢。

可不可以将这座大殿拆建到东陵，为奶奶安家呢？康熙皇帝产生了这样一个想法。

康熙皇帝担心大臣们会反对。因为这是一种破坏，一种浪费。要知道满族是一个崇尚节俭的民族，他们从白山黑水中走出来，节俭成为他们的生活原则；而且，康熙皇帝本身也向来以节俭著称。

昭西陵旧照

比如康熙皇帝营建避暑山庄的时候，梁枋架木不饰彩画，原木外露，古朴得很。

再比如，康熙十五年，康熙皇帝营建自己的景陵，不仅裁掉一些建筑，例如石像生等，还使用非常普通的建筑物料（木料仅仅为普通松柏木），为此，康熙皇帝还向文武百官进行了解释，并向死去的孝诚皇后承诺，将来有钱了，再加以改善。可是，后来国家进入盛世，康熙皇帝也没有铺张浪费，更没有兑现自己的承诺。

又比如，康熙皇帝不喝白酒，他说喝白酒不仅浪费，还会耽误大事；康熙皇帝也从来不吃人参之类的补药，这都是出于节俭的目的。

但康熙皇帝认为拆建紫禁城内大殿，为奶奶修建新家，不属于浪费，他认为这件事非寻常可比，用奢华的建筑来告慰奶奶，满足奶奶的需求，是值得的。

当然，康熙皇帝认为自己的做法是有章可循的，这个"章"包含两个原则。

一是"以孝治天下"的原则。孝顺长辈，怎么做都不过分。这是清朝的治国治家法则。

二是"事死如事生"的原则。康熙皇帝认为，既然奶奶生前就住过这座宫殿，去世之后接着用，正是"事死如事生"的具体体现，一点儿不过分。

于是，康熙皇帝决定拆建紫禁城寝宫建陵寝，为奶奶建新家。

康熙皇帝下令：原样拆建，一砖一石不能变动。这样做有很多好处，既可以很快完成任务，又能保证质量、保证豪华，让奶奶尽快入土为安。

康熙皇帝把紫禁城内奶奶喜欢的建筑，拆建到东陵，给她建了一个家，就等于"把故宫搬了个家"，圆了奶奶的一个梦，既省时又省力，也体现了自己的孝心，可谓聪睿智举。

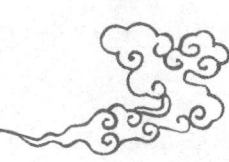

下篇

清西陵系列

雍正皇帝陵寝

放着现成的皇陵不用，雍正为何又到别处建陵

清陵的修建，有一个很奇怪的现象：东陵修建在北京以东，在先；西陵修建在北京以西，在后。大家可能会有一个疑问：有了东陵，为何要建西陵呢？

回答这个问题，我们先考证下清王朝建陵的历史。

清朝入关前后，形成了五大陵区。关外有三处陵区，即沈阳东边的努尔哈赤的福陵，内葬有努尔哈赤和他的后妃们；沈阳北边的皇太极的昭陵，内葬有皇太极和他的后妃们；辽宁新宾的永陵，内葬有努尔哈赤上世四祖，即肇祖、兴祖、景祖、显祖的衣冠冢。

入关以后，以北京为中心，形成了两大陵区，即清东陵和清西陵。

入关后的第一位帝王顺治皇帝在顺治八年（1651年），十四岁的时候，亲临直隶遵化州，经过精心选择，相中了遵化凤台岭，钦定为万年吉地，钦赐凤台岭为昌瑞山，并留下了一个神奇的传说，即少年天子顺治皇帝"抛环定穴"的故事。自此，开启了东陵几百年的兴建历程。

顺治十八年（1661年），二十四岁的顺治皇帝驾崩，刚刚即位的康熙皇帝为其修建了规模宏大的孝陵。

再之后，康熙十五年（1676年），康熙皇帝亲临东陵，为逝去的爱妻赫舍里氏选建陵址，地点确定在孝陵之东，傍依孝陵而建。再后，去世的孝昭皇后、孝懿皇后、康熙皇帝、孝恭皇后等，都纷纷入葬景陵，完全符合"子随父葬"的要求。

这就是清东陵营建历史的开端。

到了雍正，却出现了一件遗憾事：雍正皇帝跑到了易州泰宁山，在那里营建了规模宏大的泰陵。这究竟是为什么呢？一时之间众说纷纭。

有人说是雍正皇帝弑君，杀父夺取了皇位，不敢或不愿葬在东陵，以免百年后地下相见。

在《大义觉迷录》中，就罗列了雍正皇帝十宗罪，第一宗罪就是谋父（说雍正皇帝向康熙皇帝送了一碗人参汤，将其毒死）。第二宗罪是逼母，说他的母亲乌雅氏因与他言语不和，愤然撞柱而死。

除此之外，还有雍正皇帝继位后，残害兄弟的因素在里面。雍正皇帝即位后，兄弟不服，认为他得位不正，于是，雍正皇帝对兄弟动手，以清除反对派。尤其是胤禩、胤禟，均在雍正四年（1726年）相继死亡，人们更加确信雍正皇帝得位不正，连他的亲生母亲都说："汝能继承皇位，实非梦想所期。"

这样看来，雍正皇帝不在东陵修建陵寝，是以免与康熙皇帝地下相见。

又有人说，雍正皇帝不愿在东陵，屈居人下，因为他如果在东陵，必然要以孝陵为中心，在其西侧建陵。雍正皇帝想自立门户，像孝陵一样，雄踞中

雍正皇帝朝服像

央，建立另外一个核心。

这两个说法，听起来有一定道理。可这是真相吗？如果不是，那么真相究竟是什么？

实际上，雍正皇帝不在东陵建陵寝，是因为他对东陵的"风水"不满意。

有人可能要问，清东陵之内不都是"风水宝地"吗？"风水"一般来说，只能有一处尽善尽美，清东陵内的好"风水"，就是第一陵孝陵的地方，而其他地方，或多或少都存在弊端。

举一个十三陵的例子，昌平天寿山下只有朱棣长陵的"风水"尽善尽美，而其他皇陵的"风水"存在各种问题，有的皇陵的问题甚至很严重。

比如明神宗朱翊钧（1563—1620年）的定陵，就存在问题。朱翊钧是明朝第十四位皇帝，万历十一年（1583年）正月，年仅二十一岁的朱翊钧便已开始了择选万年吉壤的行动。

第二年（1584年）九月，奉两宫皇太后之命，朱翊钧借秋祭之机，正式定下了小峪山，即现在的定陵陵址，并易"小峪山"为现名"大峪山"。虽然大峪山被明神宗认为是"万年吉壤"，但在动工过程中却出现了"不祥"的预兆。

定陵自1584年十月初六开工，每天直接进入现场施工的军民夫役和瓦木石匠达两三万人。经过一年的紧张施工，陵园工程已有相当进展。但此时，"风水师"定下的将来置放棺椁的地方却出现了意外——在这里挖出一块大石头，"宝床下无土"，这严重犯了"风水"大忌。

有大臣提出重新择定陵寝的地址，但让人意外的是，朱翊钧一反常态，称祖宗山陵既然位于天寿山，后代子孙皆当归葬于此山。并下诏，劝大臣不要再争论了，寿宫吉地就是大峪山。虽说如此，朱翊钧曾带人悄悄看过几处地方，都不是很理想，于是彻底死了易地建寿宫的念头。但在六年的建陵过程中，官场和民间关于定陵"风水"不吉利的议论一直没有停息过。史载，万历二十三年（1595年），定陵已建成五年了，当年开国功臣、"风水大师"刘伯温的十一世孙刘世廷，仍上疏奏称："大峪山寿宫龙穴非真。"

雍正皇帝《行乐图》

　　大峪山的故事，充分说明皇陵"风水"存在问题的严重性；除此之外，还有很
多其他的例子。但是，后来的皇帝是无法解决这些问题的，所以，明知如此，也还
要委曲求全，就是为了维护祖陵的地位。

　　东陵也是如此，昌瑞山脚下，只有顺治皇帝的孝陵"风水"尽善尽美，其他地
方都或多或少存在些问题。

比如，景陵的问题。景陵是康熙皇帝的陵寝，按照"子随父葬"的要求，康熙皇帝在孝陵东侧选择了万年吉地，营建了景陵。但是，景陵出现的问题很多。

1.堂局弥散。实际勘测得知，景陵的堂局很弥散，东侧的砂山甚至被建筑阻断于南，看上去非常分散，不"聚拢王气"。

2.地势低洼。景陵的地势很低洼，当初修建的时候，仅是一处沼泽之地，据传还有一只灵兽生活在这里，康熙皇帝为了建陵，将此垫平，灵兽没有办法，便迁家到陵区西南的龙门湖，为此经常"活动"。

3.朝山不对。在东陵，几乎所有的帝后陵都朝向金星山，可谓大富大贵之向。可是，景陵的朝山不是金星山，而是象山，这就不对了。

康熙皇帝难道不知道这些缺陷吗？他肯定知道，但是出于孝顺，康熙皇帝只能勉为其难。

比如，胜水峪的问题。孝陵西侧的胜水峪，也就是后来乾隆皇帝裕陵所在地。这个地方，仍然存在很多"风水"问题。

1.地势平缓。皇陵的建筑，一般在山之阳的山坡之上，要有非常明显的北高南低的落差，这样的地势有利于北面山洪下泄。可是，裕陵的南北落差很小，这样的地势，不利于雨水的下泄，会造成地宫渗水。

2.砂山缺失。砂山是用来维护陵寝，形成一个相对封闭的小空间，陵寝的四周都要有，一重或两重，东边称为龙砂，西边称为虎砂，是不可缺少的环境。可是，裕陵东侧砂山几乎没有，"风水"存在严重不足。

3.金券内方向不一。金券就是陵寝地宫最后一个券堂，是安放棺材的地方。在裕陵，金券的轴线与其他券座轴线不统一，存在一个夹角，显得很别扭，好像建筑失误一样，实际上，是因为"风水"的不足，导致方向不一致。

凡此等等，不一而足。

雍正建西陵，除上述原因之外，还有一个原因，就是他要回避父皇康熙皇帝。

史学家分析，雍正并未弑父，康熙皇帝属于正常死亡。康熙六十一年（1722年）十一月十三日，康熙皇帝在斋戒期猝死，当时身边只有宫女，惊慌的宫女将这一消息告诉给了九门提督隆科多，隆科多当时有几个选择，或告知胤禛，或告知胤禩，或告知胤禵，最终，他选择了胤禛。胤禛紧紧把握住了这个千载难逢的机会，迅速继位，其他皇子便没有了机会。

胤禛虽未弑父，但是继位存在问题，不是九泉之下的康熙皇帝所希望看到的，据分析，康熙皇帝最想传位的皇子是胤禵，故而要他前往西北平定叛乱，以此历练他。

雍正既然不是康熙皇帝属意的接班人，雍正皇帝自然有建陵回避康熙皇帝的念头，所以，他不将陵寝建在东陵就成为顺理成章的事情了。

雍正和他的十三弟，清宫最强"兄弟情"

雍正皇帝有一个外号，叫作"冷面帝王"。为什么呢？因为他"喜怒不形于色"，也因为他对弟兄过于薄情，而遭到后人诟病。

历史上，和雍正参与"九子夺嫡"的兄弟，几乎都被雍正处置掉了。大哥胤褆，雍正十二年（1734年）死，以贝子礼殡葬；二哥胤礽，被废太子，禁锢在咸安宫，雍正二年（1724年），胤礽死；三哥胤祉，被命令"守护景陵"，夺爵，幽禁于景山永安亭，雍正十年（1732年）死；八弟胤禩，曾经遭到雍正皇帝一系列的蹂躏，如借故命胤禩在太庙前跪一昼夜；后命削胤禩王爵，高墙圈禁，改其名为"阿其那"，雍正四年（1726年）死；九弟胤禟，削宗籍，同样遭到雍正皇帝的蹂躏，被逮捕囚禁，改其名为"塞思黑"，以"腹疾卒于幽所"；十弟胤䄉，因党附胤禩，其夺爵，逮回京师拘禁，直到乾隆二年（1737年）开释；十四弟胤禵，虽与雍正一母同胞，但二人不共戴天，后命其在遵化看守父皇的景陵，其后又将其父子禁锢于景山寿皇殿，乾隆继位后，才将其开释。

至于其他未参与夺嫡的兄弟，比如五弟胤祺、十二弟胤祹，也曾被降级夺爵；比如十五弟胤禑被发往遵化，看守景陵。雍正的兄弟们，大多数没有幸免。

　　只有一个兄弟，雍正皇帝不仅喜爱他，而且达到无以复加的程度，这个人就是他的十三弟胤祥。

　　雍正皇帝与这个十三弟从小关系就好，他还曾经做过胤祥的老师，教他算学。"忆昔幼龄，趋侍庭闱，晨夕聚处。比长，遵奉皇考之命，授弟算学，日事讨论"，每逢塞外扈从，兄弟俩"形影相依"。

十三皇子行乐图

不仅如此，兄弟二人还一同参加书法大赛。康熙四十一年（1702年），康熙皇帝南巡，皇太子胤礽、皇四子胤禛、皇十三子胤祥随驾。某日，康熙皇帝在行宫召集大臣和皇子们研习书法。康熙皇帝不仅亲书大字对联，当场展示，还邀请众人观赏皇四子胤禛和皇十三子胤祥书写的对联。据说，诸臣环视，"无不欢跃钦服"。如此惊叹的举动，自然有阿谀逢迎的成分，但两位皇子擅长书法确是事实。这一年，雍正二十五岁，胤祥十七岁。

二人关系密切，还有一种说法，康熙四十七年（1708年），康熙皇帝惩治诸子时，雍正亦遭父皇圈禁处置。这个时候，胤祥找到父皇，陈述雍正并未参与储位之争，并向父皇表示："如要惩治，我愿代替四哥受罚！"所以，雍正皇帝即位后，千方百计照顾这个患难兄弟。

一是照顾胤祥的生母。

胤祥的生母章佳氏是参领海宽之女，满洲镶黄旗包衣，起初是作为宫女入宫，康熙在位时，并无册封。章佳氏生育了一子二女，即和硕怡亲王胤祥、和硕温恪公主、和硕敦恪公主。康熙三十八年（1699年）七月二十五日，章佳氏去世，闰七月初二被追封为敏妃。

雍正皇帝即位后，为了照顾章佳氏，于康熙六十一年（1722年）十二月，下旨将敏妃家合族人等由包衣拨出编一佐领；并追赠敏妃为皇考皇贵妃，即敬敏皇贵妃，将她的棺材从妃园寝中起出来，按照皇贵妃的制度漆饰一番，迁葬于景陵地宫，陪葬在康熙皇帝身旁，开了妃子从葬帝陵的先例。章佳氏做梦都没有想到，自己去世二十四年之后，竟然有幸葬进帝陵地宫。

二是特别照顾胤祥本人。

1.封王。在康熙皇帝去世的第二天，入承皇位的雍正皇帝便任命胤祥为四位总理事务大臣之一，同日晋升他为和硕怡亲王，表达对弟弟的荣宠。

2.委以重任。雍正皇帝对胤祥的信任，达到无以复加的地步，家事国事天下事，西北边塞的军事机务，统统委托其办理。

雍正初年到三年，胤祥开始担任总理事务王大臣，处理康熙皇帝、孝恭仁皇后的丧事；总管会考府，处置前朝亏空；主管宫中造办处、户部三库事物；参与西北军事的运筹，调兵遣将；办理外国传教士事务；等等。雍正皇帝曾经十分感慨地说："朕实赖王翼赞升平，王实能佐朕治平天下。咸谓圣王贤臣之相遇数千百载而一见，今且于本支帝胄之间得之。"可以说，胤祥成为雍正皇帝须臾不能离开的股肱之臣。

雍正皇帝道装像

3.提高胤祥政治经济待遇。雍正元年（1723年），雍正皇帝传旨按康熙年间分封皇子为亲王之例，赐给胤祥钱粮二十三万两。胤祥百般谦退，经皇帝再三宣谕，只收下十三万两。雍正皇帝又援引康熙皇帝对待其兄裕亲王福全成例，准许胤祥分封后可支用官物六年，胤祥仍是辞谢。尽管胤祥对于皇兄的恩赐总是竭力推辞，他还是得到了许多相同地位的人不曾享有的殊荣。根据皇帝旨意，原来只归他兼管的佐领人丁全部划归怡亲王胤祥府属下，又于亲王定额之外增加一、二、三等护卫共十七员，仪仗中也增加豹尾枪、长杆刀各二，以突出他的与众不同。雍正三年（1725年）二月，又以胤祥"总理事务谨慎忠诚，从优议叙"，特在亲王之外加封一个郡王爵位，允许他在儿子中任意指封一人，这在清代历史上是没有先例的，胤祥坚辞不受，雍正皇帝也不好十分勉强，遂命给他增加俸银一万两，以为奖励。以上这些事例，体现雍正皇帝对爱弟的格外恩遇，胤祥遂被雍正称为"柱石贤弟"。

4.赐给吉地。雍正皇帝对胤祥事事满意，尤其对其选定的"上吉之壤"非常认可，认为胤祥立有首功，就把万年吉地附近的一块"中吉"之地赐给他，以便百年后陪君伴驾。胤祥听后却惊悚色变，惶惧固辞，说这等吉地只有大福大贵者才能受用。他急忙在六十里以外的涞水县境内为自己选定了一块墓地，并奏请皇帝赐给自己。后来胤祥生病，仍担心皇帝不收回成命，再三奏请，雍正不得已允其请。胤祥得旨后，高兴万分，手舞足蹈。当日就遣侍卫前往涞水取土，数日后侍卫回来，呈看土色。因为这是皇帝赐予的吉地，胤祥竟迫不及待地取了一小块，手捧着吞到肚子里，口中还念念有词道："这样的话，则臣心安而子孙蒙福了。"此事在官修《清世宗实录》《钦定八旗通志》以及《内务府档》中均言之凿凿，可见确有其事。

多疑的雍正皇帝在自己建陵这件大事上，只相信自己忠心耿耿的弟弟胤祥，多次委托他前往勘察，替自己把关。

其一，委托胤祥前往勘察九凤朝阳山。九凤朝阳山这个"风水宝地"就是胤祥带领"风水师"发现的。后来，发现有问题，又让胤祥带领"风水师"前往核查，代替雍正皇帝验看，大有如朕亲临之感。

其二，由胤祥相度选择泰宁山"风水"。对于泰宁山"风水"，雍正皇帝非常满意，称之为"龙砂穴水无美不收，形势理气诸吉咸备"，并为此表扬胤祥："甚为竭力殚心，王往来审视，倍极辛勤，常至昏夜始进一餐。"

所以，对于雍正皇帝与胤祥之间的关系，史学家这样评论：在康熙晚期，胤禛、胤祥是一对难兄难弟，到雍正朝，则成为密迩无间的君臣。雍正皇帝为君，给胤祥的宠荣无以复加；胤祥为臣，对胤禛"鞠躬尽瘁，死而后已"。二人珠联璧合，相得益彰，在将清王朝统治推向昌盛的同时，也塑造出一种明君贤相的理想关系。

这正是哥俩好中的典范，真正的"棠棣之华"。

雍正陵前的两大"重要"建筑

皇陵的建筑,一砖一石,一瓦一木,都是按照规矩、制度办理的。"前有车、后有辙",都不可以逾越。尤其是要遵循一个制度叫作"逊避祖陵",也就是后代陵寝的建筑规制不可超过前代的,只可做减法,不可做加法。

比如地宫结构,康熙皇帝景陵营建于战火纷飞的三藩之乱初期,所以地宫较之明朝皇帝陵简单(只有中路,而没有东西配殿);深度也比较浅(深度不超过十五米,而明定陵深度二十七米,朱元璋孝陵深度四十一米)。这样,即使后来有钱了,也不敢超越。

这就是严格的"逊避祖陵"制度,如有违反,就是不孝。

可是,雍正皇帝在营建自己陵寝的时候,却做了两个重要突破,让人感觉非常意外。

首先,建三架石牌坊,突破孝陵一架石牌坊的规制。

石牌坊是身份和地位的象征,通过这个建筑,能够体现墓主人的尊严和崇高地位。泰陵的石牌坊在泰陵中轴线最南端,由三架组成,东、西、南三面向北围合,改变了顺治皇帝孝陵仅有一架石牌坊的格局。

泰陵石牌坊

关于泰陵的石牌坊，有三种说法。

第一种说法是，雍正皇帝从明陵十三陵那里偷来了石牌坊。这里面，有一个故事。雍正皇帝去世后，乾隆即位，大学士刘统勋，也就是刘罗锅的父亲敢于直言。他上朝质问乾隆皇帝："挖坟掘墓是否犯法？"答："当然。"问："帝王犯此法，该当如何？"答："当然是与民同罪了。"问："既知如此，为何偷了十三陵的石牌坊？"乾隆皇帝语塞。当然，这个故事仅仅是传说而已。

第二说法是，这三架石牌坊是蒙古王公凑钱修建，捐献给雍正皇帝的。蒙古王公为什么会如此慷慨呢？原因很简单，就是为了报答大清皇帝的知遇之恩。满蒙多次联姻，清朝皇帝的公主甚至会远嫁蒙古，以示大清皇帝对蒙古王公的厚爱。比如，雍正皇帝就把他的女儿指婚下嫁到蒙古。所以，蒙古有这么一个机会，便赶紧报答清朝皇帝。

第三种说法是，泰陵的这三架石牌坊反映了墓主人雍正皇帝的个人意志。因为，雍正皇帝即位前的潜邸雍和宫前面，就有三架牌坊。他即位后，为了神话自己的身份，把雍王府变成了喇嘛庙，所以，在雍正皇帝心里，雍和宫非常重要。这样，他建筑陵寝的时候，希望能加进雍和宫的元素，这样，自己百年后，也有一种回家的感觉。

无论如何，泰陵前面的三架石牌坊，体现了雍正皇帝的个人意志，体现了他的威严和牢不可破的地位。

其次，设置了一对石麒麟，突破了孝陵大红门前面零建筑的规制。

在泰陵大红门南面两侧，有两个石麒麟，兀然昂首，蹲立在那里。这是一件十分新奇的事情，在东陵的孝陵、明孝陵、明长陵这些先朝的帝王陵寝建筑前面，都没有这组建筑。雍正为什么会放上多余的建筑呢？

我们先考证一下，麒麟到底是什么样的宝物，让雍正皇帝这么看中它呢？东汉文学家许慎《说文解字》中这样解释："麒，仁宠也，麋身龙尾一角；麐，牝麒也。"就是说麒麟分公母，是鹿身、龙尾，长一角，是仁义的动物。清代文字考证学家段玉裁进一步对麒麟进行了考证："设武备而不为害，所以为仁也。"我们梳理一下，麒麟有三个特点。

一是很厉害的神兽，是神话中的灵异之物。天地诞生之初，飞禽以凤凰为首，走兽以麒麟为王。

二是麒麟能够镇宅化煞，非常厉害，有本领。麒麟能够消灾解难，驱除邪魔，镇宅避煞。

三是麒麟为仁义之兽。麒麟具有非常优秀的品质，比如，其性温善，不覆生虫，不折生草，主要是不伤害弱者，这点实在是太难得了。

雍正皇帝陵寝前面这一对石麒麟，是雍正皇帝自身形象的化身。因为他认为自己有麒麟般的本领，能惩贪除恶；又有麒麟般的仁善，能为民办事，造福黎民百姓。

1.铁腕惩贪，绝不手软。

雍正皇帝继位后，成立会考府，着手打击贪官污吏。他警告那些贪官，说自己不会像先皇那样宽容。他让自己最信任的怡亲王胤祥主政会考府，说如果胤祥不能清查，他就另外派人；如果还是不能清查，他就亲自清查；表明了他打击贪官污吏的决心。在这种高压态势下，贪官污吏无处藏身，就连雍正皇帝的弟弟胤祹也不得不认罪。胤祹在管内务府事的时候，亏空很大。雍正皇帝命其赔补亏空，胤祹不得不将家用器皿拿到大街上出卖，换取赔银。而对于那些畏罪自杀的官员，雍正皇帝指出："料必以官职家财既不能保，不若以一死抵赖，留资财为子孙之计，所有赃款着落追赔。"

2.推行"摊丁入亩"，造福黎民百姓。

雍正皇帝继位之初，出台了一条政策，叫作"摊丁入亩"。就是征收赋税不再

泰陵大红门

泰陵前景

像以前那样，按照人头收税，而是按照田亩多少收取赋税。雍正元年（1723年）九月甲申，户部议覆，直隶巡抚李维钧请将丁银摊入田粮之内，应如所请。雍正毅然决定，不再按照人头征收赋税，而是按照土地的多少征收。这就改变了中国几千年以来的税收政策，老百姓欢欣鼓舞。雍正皇帝出台的这条政策，是一项有利于黎民百姓的惠民工程。

雍正"完美无缺"的乌拉那拉皇后

在雍正皇帝的后宫里面，主持后宫事务的是大名鼎鼎的孝敬宪皇后乌拉那拉氏。

孝敬宪皇后（1681—1731年），生于康熙二十年（1681年）五月十三日，是雍正皇帝的原配皇后，满洲正黄旗人，内大臣步军统领云骑尉费扬古之女。康熙三十六年（1697年），生嫡长子弘晖，康熙四十三年（1704年），弘晖不幸过世。雍正元年（1723年），胤禛继位，乌拉那拉氏被册封为皇后。

乌拉那拉氏出身名门。

乌拉那拉氏是内大臣费扬古的女儿，不仅姓氏为满洲八大姓之一，父亲的官职也很高。内大臣就是康熙皇帝身边的人，

孝敬宪皇后像

这已经是很显赫的出身了。在胤禛还是皇子的时候，康熙皇帝思虑再三，把她指定为胤禛的嫡福晋，可谓实至名归。

不仅如此，康熙皇帝对于自己的那些皇子们都是这样的要求，他们的嫡妻都要出身名门，比如皇长子胤禔的嫡福晋是伊尔根觉罗氏，父亲是吏部尚书，从一品；皇二子胤礽，也就是皇太子，太子妃是瓜尔佳氏，父亲是正白旗汉军都统；皇三子胤祉的嫡福晋是董鄂氏，父亲也是一位都统，地位十分显赫。

雍正皇帝即位后，在册封乌拉那拉氏为中宫皇后的册文中，最重要的一条就是"秀毓名门"（《清朝后妃传稿》）。

乌拉那拉氏具备优良的品德，素质好。

一孝顺。对于皇家的后妃最基本的要求就是要孝顺，主要是孝顺公婆，也就是父皇和母后。皇帝会不时拿这条来要求皇后，尤其是皇太后最为敏感的就是这条。我们说儿媳妇孝顺公婆，那是老百姓。作为皇家，也是一样。儿媳妇要天天到帝后宫里去问安，尤其是到婆婆宫里面。康熙皇帝那么多儿媳妇，都要轮流去服侍，所以，就有了比较。雍正皇帝的福晋乌拉那拉氏，不仅问安及时，而且态度好，婆婆看着就顺眼。所以，在给她的册文中，夸赞皇后对皇太后极为孝敬，"晨昏承颜"，也就是早晚侍奉，极尽周到。康熙皇帝对这位儿媳妇是有印象的，因为她是康熙皇帝亲自选中的。康熙六十一年（1722年）七月，当时的乌拉那拉氏还是一位王妃，在拜见公公的时候，康熙皇帝非常满意，觉得她不仅识大体，又很孝顺，表现出一位大家闺秀的特殊气质。

二仁慈。这是对待下面的人的一种态度，包括两种人，一是后宫的妃嫔，二是太监和宫女。乌拉那拉皇后是很宽仁的，对待妃嫔，并不因为自己是正妻，就霸道专宠；对待下人，也和蔼可亲。所以，册文说"逮下为仁"（《清代后妃传稿》），就是这个意思。比如，对待熹贵妃，当时虽然地位低下，但是，由于她生育了弘历，公公康熙皇帝又很看重，所以，乌拉那拉氏皇后丝毫没有偏见，把小弘历看作是自己亲生的一样。这使得熹贵妃母子非常感动。

三勤俭。雍正皇帝重视节俭，在即位之初，就多次下旨，三令五申，强调要节俭，要懂得稼穑之艰。他说，吃剩下的可以给下人，下人不能吃的可以喂猫狗，猫狗不吃的可以晒干后喂鸟。并且，雍正皇帝还在训谕中明确指出太监在做饭时，要少下米，宁可不够吃，也不要剩下。乌拉那拉皇后牢牢记住雍正皇帝的指示，开始治理后宫，并向雍正皇帝表示："这事你放心，由我来执行。"她先从自身做起，尽量不使用金器、银器，不戴华丽的头饰。而且，皇后还很勤快，针织女红她样样都会，做出的针线活计，堪称表率。所以，在册文中，雍正皇帝称赞她"克勤而克俭"，即极力赞扬皇后的美德。

四温柔。这其实是皇后最需具备的一种性格了。清宫历史上有好多这样的女人，比如皇太极之宸妃海兰珠，比如顺治皇帝之董鄂妃，比如康熙皇帝之孝诚仁皇后赫舍里氏，都是这样的女人，她们也因此而得到皇帝特殊的宠爱。乌拉那拉氏也具备了这样的柔嘉性格，每当雍正皇帝烦心的时候，尤其是即位之初，内外交困，不仅皇室内部有胤禩、胤禟等在散布不利于己的消息，就连市井民间，也有曾静等在大肆攻击雍正皇帝，使他心力交瘁。这个时候，雍正皇帝很少去各妃子的宫里，而是到皇后的宫里。皇后会不动声色地小心侍奉，让丈夫感受到温馨体贴，忘却烦恼。这段最艰难的岁月，是皇后和他一起共同度过的。因而，雍正皇帝在册文中称赞皇后："柔嘉著于宫壶。"（《清代后妃传稿》）

五母仪天下。雍正皇帝在册文里用了两个词汇"母仪天下"和"懿范性成"，这并非夸饰之词。从故宫所藏的雍正皇帝中宫皇后画像上看，乌拉那拉氏确实端庄秀美，气质非凡，不愧"母仪天下"的称号。皇后为了表范后宫，下了很大功夫。比如她要求自己站有站相，坐有坐相，绝不乱穿衣服，给人以端庄之感。她还注重培养自己的文化素养，比如学习如何鉴宝，学习琴棋书画知识等，总之，她把自己的一颦一笑都规范起来，真正达到母仪天下的标准。

六生育了皇长子。康熙三十六年（1697年）三月二十六日深夜，乌拉那拉氏生下了一位皇子。当时，就把雍正皇帝乐坏了，因为之前生的两个孩子都是女孩子。乌拉那拉氏经过艰难的阵痛，终于生下了王府里第一个男孩，这年雍正皇帝二十岁，他决定给这个孩子起名叫作弘晖，"晖，光也。"（《说文》）这是雍正皇帝对这个孩子的期望，希望他将来能够做出一番大事业。

雍正皇帝曾命人为乌拉那拉氏画了十二张《美人图》，称之为"御容"。著名清宫史专家杨新先生这样写道："这套画像是胤禛和画家一起构思并亲自参与制作创造出来的。"杨新先生同时指出，这些画像是"用了自己的嫡福晋那拉氏作模特"。《内务府记事档》也有记载："雍正十年八月二十二日……拆下美人绢画十二张。"这十二张美人图，把中宫皇后画得惟妙惟肖：

"美人照镜"：皇后身着蓝色裘装，腰间戴玉佩，一手拿铜镜，一首扶着暖炉；寓意要每日三省吾身。

"美人赏梅"：皇后临窗而坐，暖炉烘面，户外梅花傲放瑞雪之中；寓意寒冬傲雪，不畏艰难。

"美人倚门"：皇后倚门观望着满园春色，凝神静思；寓意对美好生活的憧憬，希望给人以力量。

"美人赏花"：皇后手持如意，立于庭院内欣赏牡丹花，万紫千红，又带富贵；寓意高贵的品质，享受高贵的生活。

"美人品茗"：皇后手持纨扇，坐于梧桐树下静心品茶，悠闲而富贵逼人；寓意高贵之人具有高雅怡人的品行。

"美人展书"：皇后半展书页，若有所思，诗书文画，了然于胸；寓意识书达理，才华横溢。

"美人赏蝶"：户外彩蝶起舞，室内皇后依靠在桌案，静谧中若有所思；寓意盎然生机，静动有致。

"美人捻珠"：皇后捻珠静思，猫儿嬉戏玩闹，时光在这里流逝；寓意清心寡欲，佛道清净。

"美人持表"：皇后淡妆而坐，手里拿着表，淡雅恬然；寓意时光如梭，转瞬即逝，要把握住时机。

"美人缝衣"：皇后在红烛下，飞针走线，缝制衣服，勤劳持家；寓意心灵手巧，勤俭治理后宫。

"美人鉴宝"：皇后坐于椅上，面对奇珍宝器，沉思鉴定；寓意附庸风雅中才华横溢。

"美人观鹊"：皇后粉妆坐于榻上，观赏窗外喜鹊，遥想当年鸦雀救主的故事；寓意返璞归真，不要忘本。

雍正皇帝下令，将这十二张"美人图"装裱，悬挂在宫中，大家要向皇后学习，这是后宫的榜样。

美人图·观梅

美人图·下棋

对于乌拉那拉氏来说，虽然地位提高了，但是她的压力更大了。之前的清宫中没有这样的先例，她感到无所适从。

可以想见，这么优秀的一个女人，在宫里面一定是万人瞩目，一定不允许犯错误，否则，就会遭到攻击，局面就不可收拾了。

雍正八年（1730年）冬，雍正皇帝得了一场大病，一直到雍正九年开春，病情转重。这场大病在档案上没有说明，只说他的下颌起疙瘩。但是，尽管如此，雍正皇帝还是感觉到自己快要不行了，大限将至。因而，开始交代后事。他在十四天内，连下四道谕旨，安排后事，他先把心腹重臣张廷玉和鄂尔泰叫进来，耳语告诉他们究竟谁是正大光明匾额后面的太子，这是他第一次和别人说这件事情。接着，开始准备后事，主要是叫人准备向棺材内放陪葬品。雍正皇帝准备把什么东西放进自己的棺材之内呢？

1.念珠两盘。一盘是当年太祖母孝庄给的，这盘念珠可太不寻常了，雍正皇帝一直视为珍宝，由皇后保管；一盘是父皇康熙皇帝给的，也一样交给皇后保管。这两串念珠，雍正皇帝偶尔会拿来用用，数数珠子，平心静气。

2.玻璃鼻烟壶一件。这件鼻烟壶，有着精美的图案；更为重要的是，这件宝贝是雍正皇帝最喜欢的弟弟怡亲王胤祥的遗物，雍正皇帝一刻也不离开它，借此，他更加怀念胤祥。

3.金托碟白玉杯一份、黄地珐琅杯盘一份。留作万年吉地用，实际上就是殉葬品。

4.《日课经忏》一部。"日课"为道教经文；"经忏"是佛教释文，放进棺椁之中，表明雍正皇帝的两个信仰，即道教和佛教。

5.古钱一枚，放入棺椁之中。

皇帝病危，作为一宫之主的皇后，是最紧张和最操心的。她非常着急，日夜陪伴。可是，不幸的是，操劳过度的皇后也病倒了，病情来势凶猛。她的压力实在是太大了，但是，她不能退缩，她是中宫皇后啊，必须挺着。

大病无情，病魔很快就击垮了那拉皇后，九月二十九日这天，那拉皇后撒手西归。

闻听这个消息，雍正皇帝大吃一惊。本来是自己大病，大限将至，结果自己没死，皇后先逝了。雍正皇帝坚持要见皇后最后一面，带病安排皇后的后事。王公大臣极力谏阻，说这可不行，理由是皇帝的身体还没有复原，过分操劳的话，会出大事的。但雍正皇帝怎么舍得呢？所以，他要看皇后最后一眼。最关键的是，他要在皇后咽气之时做最重要的一件事，那就是《清世宗实录》里面所说的"欲亲临含殓"，要为皇后含殓"压舌"。

皇后去世后，雍正皇帝为其举行了隆重的国丧。他不再上朝办公，而是穿着丧服，大办丧事。满朝的王公大臣、文武百官连同他们的家属，全部为之素服。全国禁止一切娱乐活动，不许剃头，放假五天，全民举哀。

皇后一去世，雍正皇帝便选择了号称"京师第一名园"的畅春园之九经三事殿作为那拉皇后的停棺场所，并日夜派人奠祭，那里是皇帝经常处理政务和生活的地方，可见他是非常重视的。过了"头七"，又把皇后棺椁移灵到田村殡宫。最终，雍正皇帝决定，将来一旦自己崩逝，要把那拉皇后和自己葬到同一地宫之中，达到合葬的目的。雍正十三年（1735年），雍正皇帝崩逝后，乾隆皇帝替父亲实现了这一愿望。

对于那拉皇后，雍正皇帝怀有更多的感情是敬意，这是毋庸置疑的。所以，经过三个月的思考，到雍正九年（1731年）十二月，雍正皇帝为皇后上了最理想的谥号：孝敬皇后，以表达自己的真实心境。雍正皇帝主动给那拉皇后上了"孝敬"这样的谥号，赞美皇后品德，表达自己对结发夫妻的敬重，表达自己的内心想法。

《甄嬛传》中泼辣的华妃，原来是个乖乖女

在电视剧《甄嬛传》中有个性格泼辣、我行我素的华妃，这实际上是雍正皇帝的年妃。

电视剧中飞扬跋扈是作者刻意塑造华妃最明显的性格特征。她个性极为张扬，在宫里谁都要惧她三分，俨然是后宫之主。皇帝要和甄嬛见面，还很担心被华妃知道；皇后更不要说了，自己的职权不时被华妃侵占，比如管理六宫之权。就连皇后派去的卧底福子也被华妃杀害，皇后也不敢对她怎样；妃嫔们更是噤若寒蝉，非常怕她。华妃在后宫之中，几乎可以决定六宫妃嫔的一切待遇，不经过她，不依附于她，就休想有好日子过。

狠虐毒辣。在《甄嬛传》中，华妃的狠辣简直达到无以复加的程度。对于下人福子，她先是掌嘴毒打，接着又将其推入井中淹死。不仅如此，华妃居然敢对宫中嫔御下毒手。夏冬春是和甄嬛一起选秀进宫的秀女，被皇帝看中，有封号，华妃为了树自己之威，居然对其施与"一丈红"，将其打成了残废。

干预朝政。《甄嬛传》中，屡屡出现华妃干预朝政的镜头。比如雍正皇帝准备大加惩治年羹尧，华妃闻讯，急忙前往养心殿，向皇帝替哥哥求情；再比如华妃劝

说雍正皇帝处死安陵容之父安比槐，等等。

年羹尧像

工于心计。华妃工于心计，这点在《甄嬛传》中多有体现。比如，由于雍正皇帝十分喜爱曹贵人所生温宜公主，华妃便用计把公主从她亲生母亲身边抱走，由她抚养。再比如，她为了夺得雍正皇帝的宠爱，便使用计策，把自己的心腹颂芝引荐给皇帝。

但这些仅仅是年妃的艺术性格而已，实际上，历史上真实的年妃是这样的。

1.温柔。年妃虽然出身高贵，但还在娘家时，就已经培养出了非常优秀的品德——温柔。年氏深知一个女人的本分，进入王府，成为胤禛的侧室，在丈夫面前，她表现出来的更多是温柔和体贴。

2.小心。这恐怕不是每个人都能做到的，尤其是身处高位。年氏虽为官宦子女，但是她侍奉丈夫小心翼翼，丝毫不敢造次，并且，丝毫不敢涉及时政。尤其是雍正皇帝即位后，在雍正二年（1724年），她回家省亲，发现哥哥年羹尧有好多违制的事情发生，比如抢占蒙古贝勒之女，家下奴才穿违制服装等等。年氏看得心惊肉跳，心情极为紧张。回到宫里，她更加小心谨慎。更为重要的是，凡是家里送来的信件，她都先给雍正皇帝拆开看，先让丈夫看了，自己再看，就是为了避嫌。

3.恭敬。在年妃的上面，只有两个人，一个是皇帝，一个是皇后。对皇帝小心翼翼，已经使她心力交瘁了。更为难的不是这个，而是对待皇后。同为女人，级别相差又不多，自己要怎么做呢？年妃认为，没有别的选择，只有毕恭毕敬，尽心辅佐皇后，事事多请示，多做事，少说话，那才是自己做人的准则。

4.俭朴。年氏在娘家的时候，一定是过着锦衣玉食，无忧无虑的生活。进入王府以后，年氏却约束起自己。因为她深知满洲发祥东北，素来俭朴，当年顺治皇帝的第一位皇后博尔济吉特氏就是因为太过奢侈，吃饭用的餐具，如果不是金银，就会大发脾气，从而遭到顺治皇帝厌恶，最终被废。年妃记住了这点，虽然娘家条件好，但到宫里也要学会节俭过日子。有了这样的思想，年妃便处处节省，深得人们赞许。

年妃的这些举动，打动了雍正皇帝。雍正皇帝在下面两方面回应了年妃。

首先，是名分上的，年妃的封号一路飙升。当年氏还在王府的时候，就已经称之为"侧妃"，这和乾隆皇帝生母熹妃称之为"格格"，大为不同。按说，年妃比熹妃进入王府时间较晚，但是，她的地位却一路飙升。雍正皇帝即位后，年妃更是得到很高的封赠。雍正元年（1723年）二月，尽管雍正皇帝生母，孝恭仁皇后心情很不好，但还是履行了她作为皇太后的职责，以懿旨的形式，册封年氏为贵妃。这就很厉害了，要知道，皇帝后宫之中，绝不会轻易就晋封贵妃的，因为，皇后只有一位，那是固定的。皇后之下，皇贵妃一般空缺，不设实职。再下面就是贵妃了，雍正皇帝怎么会轻易就给皇贵妃封号呢？就连乾隆皇帝的生母熹妃，虽然自己的儿子早就已经立为储君，熹妃的身份却一直未变，直到雍正八年（1730年），才有机会晋升。而雍正皇帝一即位，就晋封年氏为贵妃，而且仅此一位，这是其他妃嫔一辈子都很难得到的殊荣。

其次，是宠幸，雍正皇帝给了年妃最多的爱意。年妃是雍正皇帝后宫中的"英雄母亲"，她由于得宠而成为雍正皇帝后宫中生育最多的女人。年妃进入王府虽晚于她人，但由于她卓越的品质和个人素质，很快得到雍正皇帝的青睐，以及王府上下的敬重。也因为如此，年妃有了接连的生育。雍正皇帝的十四个子女中，有四个是年妃所生，其中三位皇子，一位公主。这在雍正皇帝后宫之中，是生育最多的了。再有就是年妃生孩子的时间比较晚了，她的四个孩子分别是康熙五十四年（1715年）、五十九年（1720年）、六十年（1721年）和雍正元年（1723年）出生。这四个孩子中有三个是连续生育的，而在康熙五十四年到雍正元年（1723年）这九年的时间里，除了年妃，其他妃嫔都没有任何生育。由此可见，年妃在这个时期是非常得宠的。

再次，是年妃去世之后，雍正皇帝的举动。

1.作检讨，自我批评。在年妃弥留之际，雍正皇帝很是不安，他对王公大臣说，三年以来，我一直忙于政务，很少关注年妃的身体。当年妃病重的时候，"凡方药之事，悉付医家，以致耽延日久。"（《清世宗实录》）雍正皇帝陷入深深自责而不能自拔。就这一点，对一个妃子表示歉意，对于雍正皇帝来讲，是很难做到的，就连皇后都没有享受过。

2.辍朝五日。雍正皇帝是史上最勤政的帝王，每天亲批奏章几十件，朱批文字近万字，天天如是，从不懈怠。一个妃子去世，他居然辍朝五日。雍正皇帝下旨："一切礼仪，俱照皇贵妃行。"等于给她"抬格"办理丧事。接着是辍朝五日，专门办理丧事。本来，贵妃或皇贵妃这个级别的本朝妃子，去世后，王大臣上奏后，皇帝可以辍朝，也可以不辍朝。而前朝的太妃们去世后，当今皇帝为了表示孝顺，

泰陵方城明楼

那是一定要辍朝的。可是，年妃去世后，雍正皇帝当即决定，辍朝五日。

年妃死后一个月，哥哥年羹尧被九十二款大罪处死，年家的子孙或被处死，或被流放到西南烟瘴之地，永远不许赦回。雍正皇帝对年家的处置可谓残酷，对年妃却始终表现得情意缠绵，万分不舍。

电视剧中"甄嬛"在历史上的"真面目"

　　看过《甄嬛传》《延禧攻略》《如懿传》电视剧的朋友，对钮祜禄·甄嬛从选秀入宫开始，到最终坐上太后之位，深有印象，甄嬛堪称是清宫剧中的"传奇"。

　　故事终究是故事，它不是真正的历史，上述剧中里面的很多剧情和桥段，都是出于推进剧情的需要而设计的。虽然有些人物都是历史上存在的，但他们之间的那些事，绝大多数可真没有！

　　甄嬛是《甄嬛传》里面塑造的一个艺术人物，她的原型是乾隆皇帝的生母孝圣宪皇后，作为乾隆皇帝的生母，按说，她的一切应该都十分清楚，不会有什么争议。可是，剧中甄嬛却充满了谜团，让人捉摸不透。

　　关于甄嬛与果郡王的故事，也必须予以纠正。果郡王胤礼是康熙皇帝第十七子，雍正皇帝即位后，大肆打击异己，包括兄弟。胤礼由于没有卷进储位斗争，而得以善终。雍正六年（1728年），胤礼被晋封为果亲王，直到乾隆三年（1738年）去世，终年四十二岁。

　　甄嬛和果郡王是否有可能会产生感情呢？答案是否定的。因为过春节时，皇家举办乾清宫家宴，那是皇帝和后妃们在一起聚餐，并不会邀请王爷，更不会允许后

妃和王爷们共餐，这是有严格规定的。实际上，剧中甄嬛和果郡王跌宕起伏的爱情故事很有可能是从两段历史中"嫁接"过来的。

第一个是努尔哈赤大妃阿巴亥与努尔哈赤之子代善的暧昧关系。努尔哈赤晚年，曾流露出要传位给代善，并要把大妃阿巴亥托付给代善的想法。这并不奇怪，因为满洲人早期有"父死则妻其母，兄死则妻其嫂，叔伯死则侄亦如之"

果亲王允礼像

（《三朝北盟会编》）这样的记载。丈夫去世，儿子可以娶后母；哥哥死了，小叔子可以娶嫂子，这个叫作"收继婚"，早期满洲有这种习俗。所以身为大妃的阿巴亥听了努尔哈赤的一番话，便早作打算，和代善提前交往，闹出了关系暧昧的传闻。

第二个是皇太极去世后，庄妃，也就是后来的孝庄下嫁小叔子多尔衮的传闻。关于这段历史，史家多有论证，其中一种说法就是庄妃为了保住儿子的皇位，不得已委身有权势的小叔子，但碍于皇家颜面，没有举行所谓的大婚典礼。

甄嬛和小叔子果郡王的关系，就是由这两个故事嫁接而来，后一段故事则更加接近些。

此外，甄嬛至少还有两个谜团。

第一，姓氏之谜。雍正元年（1723年），胤禛即位，大封后宫。在资料中，关于熹妃的记载有两个不同的说法。一种是说她姓钱，是个汉人。《雍正朝汉文谕旨汇编》："格格钱氏，封为熹妃。"《永宪录》中的记载和这个记载一样。另外一种说法就完全不同了，说她姓钮祜禄，是满洲人。《清世宗实录》："格格钮祜禄氏封为熹妃。"这真是一件咄咄怪事，一个人怎么可能会出来两个截然不同的姓氏呢？要知道这两种资料都绝非市井野闻。可见，这里面一定"大有文章"。

第二，生子之谜。熹妃生有一子，就是弘历。《清皇室四谱》记载："（弘历）康熙五十年辛卯八月十三日子时，生于雍亲王藩邸，母王府格格钮祜禄氏。"其他资料也都做了类似的记载，可是，在历史上却产生了两个大争议。

一是生母各异。关于乾隆皇帝生母产生了几种说法，有的说乾隆皇帝其实是陈阁老的儿子。陈阁老就是浙江海宁大学士陈世倌，他和雍亲王同时生了孩子，陈阁老生了男孩，胤禛生了女孩，胤禛与陈世倌交换了孩子。有的说乾隆皇帝是汉族女子所生，但据官方记载，弘历是钮祜禄氏熹妃所生，档案留有记录。

二是出生地迥异。这就更可笑了，一个人的出生地怎么会产生分歧呢？尤其是皇帝的出生地，一定清楚得很。可是关于熹妃生子的地点，却有两个，一为北京雍和宫，一为承德避暑山庄。这件事的起因，是嘉庆二十五年（1820年）九月，刚刚登基的道光皇帝发现，在已经拟好的嘉庆皇帝遗诏中，产生了严重的错误，那就是把乾隆皇帝的出生地给"搞错"了，他认为乾隆皇帝不是出生在避暑山庄，而是出生在雍和宫。那么，究竟是什么地方记录了熹妃在避暑山庄生下了乾隆皇帝呢？据道光皇帝自己讲，是嘉庆皇帝在他的一首诗的注解中有这样的记录："高宗纯皇帝以辛卯岁诞生于山庄都福之庭。"（《清朝后妃传稿》），所以，是嘉庆皇帝说的。嘉庆皇帝的遗诏就这样记录了此事，并且以国书的形式，发往各个藩属国，造成了无法挽回的影响。道光皇帝一面急忙下诏，追回已经发出的遗诏，一面命人赶紧修改，强行把乾隆皇帝的出生地一律改为"康熙五十年辛卯八月十三日子时，诞上于雍和宫邸。"（《清高宗实录》）大家想一想，道光皇帝为什么在意这样一个一百年前的问题呢？最可能的理由就是他要以官方的态度告诉世人，乾隆皇帝的生母是

孝圣宪皇后像

钮祜禄氏，也就是熹贵妃，而绝非避暑山庄的汉族女子。

为什么会这样呢？我们分析一下这两个谜团。

关于姓氏之谜。钱氏，应该是汉姓，钮祜禄氏是满洲姓氏，两者不可能误记。这样看来，就是被人为做了"手脚"。根据史料分析，熹妃很可能是汉族女钱氏，而被人篡改成钮祜禄氏。朝廷为什么要这么做呢？大概有两个原因。

其一，为了提高她的民族地位。我们知道，由于早年满汉之间并不通婚，汉族女子要想进宫为妃，必须要先入旗。所以，在清朝早期实际上存在很严重的民族歧视现象。满洲人享有很多特权。钱氏，作为汉人，不管她是否入旗，地位都会低于满洲人。所以，把她由汉姓更改为满洲姓氏，对她来讲很有意义。

其二，使她融入了贵族血统。《皇朝通志·氏族略·满洲八旗姓》中把钮祜禄氏列进满洲八大姓之中。可以说，这个姓氏，在清朝是一个备受荣宠的大姓，在前朝，也产生过很多历史名人，比如开国元勋额亦都，康熙皇帝时有辅政大臣遏必隆，其中最有名的要算乾隆时的大贪官和珅了。在清朝的后妃中，有很多都是钮祜禄氏，其中，出了五位皇后，九位妃子，清朝十二帝中，就有两位是钮祜禄氏所生，一位是乾隆，一位是咸丰，此外，还有一位是垂帘听政的太后慈安，也是钮祜禄氏。

所以，熹妃由钱氏改为钮祜禄氏，就很自然地把她的血统融入贵族中，具有浓厚的政治色彩。

关于生子之谜。生母问题也好，出生地问题也好，二者实际上是一个问题。如果生母问题解决了，出生地问题也就解决了。乾隆皇帝的生母既然是钱姓汉族女子，那么乾隆皇帝的出生地就应该如嘉庆皇帝所说为"山庄都福之庭"。

讲到这里，甄嬛的真面目基本上就可以揭开了：一个汉族女子，在承德生育了弘历。雍正皇帝在世的时候，她在宫中规矩地生活，从未有过绯闻。乾隆皇帝即位后，她母以子贵，高高在上地享受着荣华富贵。

这就是真实的甄嬛。

齐妃与裕嫔的悲喜人生

清宫的后妃，或升迁受宠，或降级遭贬，荣辱兴衰，会随着时代的变化而变化。有的丑小鸭变成了美天鹅，手握玉如意，高高在上；有的则因事而遭到冷遇，或贬入冷宫，不见天日；或寄人篱下，苟活于世，度日如年。总之，有些妃嫔的命运会发生蜕变，令人唏嘘感慨。

雍正皇帝有两位妃嫔，就经历过这样起伏不定的人生，命运让她们尝尽了人间悲欢。

后妃的地位，主要看两样，生育和封号。雍正皇帝的这两位妃子的命运，既有共同的经历，得宠并生育，又有截然不同的结局。这两个人一个是雍正皇帝泰陵妃园寝第一排居中的耿氏，另一个则是在旁边的李氏。耿氏和李氏，这两个女人，在不同的历史时期，命运有着明显的变化。

一、康熙时期：李氏欢心，耿氏相对凄冷

关于这一点，从两位的生育状况，即可做出判断。

李氏出生于康熙十五年（1676年），知府李文烨之女。在内务府的选秀中，李氏被指为当时还是贝勒的胤禛的侍妾，雍亲王时期为侧福晋。雍正初年（1723

年），封妃。李氏在宫中的地位仅次于皇后乌拉那拉氏及贵妃年氏，地位高于乾隆皇帝生母熹妃钮祜禄氏。

李氏在雍亲王番邸很得宠，康熙三十四年（1695年），生皇二女和硕怀恪公主，康熙三十六年（1697年），生皇子弘昐，康熙三十九年（1700年），生皇次子弘昀，康熙四十三年（1704年），生皇三子弘时。一共生育了四个子女，李氏可谓春风得意。

耿氏生于康熙二十八年（1689年），管领耿德金之女。康熙年间事雍亲王，为王府格格。有资料记载耿氏由于身体康健，颇有酒量，在世宗处理公务繁忙闲暇的时候，也能适量地陪世宗喝些酒。康熙五十年（1711年），生皇五子和恭亲王弘昼，弘昼聪明伶俐，应变快，动作机灵。

所以，通过她们的生育状况，可以看出，这个时期李氏得宠程度远远高于耿氏。

二、雍正时期：李氏喜忧参半，耿氏局面不容乐观

雍正继位后，雍正元年大封后宫，李氏被封为"齐妃"；耿氏被封为"裕嫔"，

泰陵妃园寝前景

级别分明。在这里，需要申明，终雍正一朝，两个人的封号都没有再发生变化。

可是，在《清列朝后妃传稿》中却记载："世宗继位封裕嫔，未几进为妃"；《清皇室四谱》中也有类似的记载："雍正元年十二月册封裕嫔，后晋裕妃。"这是错误的。在《清列朝后妃传稿》中，耿氏有晋封裕嫔的册文，而晋封为裕妃却没有册文，可见，耿氏在雍正朝根本就没有晋封位号，一直是"裕嫔"的封号没变。

可是在雍正初年，发生了一件令二位意想不到的事情，齐妃之子弘时忤逆了父皇雍正皇帝。

弘时，康熙四十三年（1704年）生，雍正皇帝第三子，乾隆皇帝的异母哥哥。据记载，他年少放纵，行事不谨慎，在雍正五年（1727年）被削除宗籍，并于八月初六抑郁而终。雍正十三年（1735年）十月，乾隆皇帝继位之后，追复了弘时的宗籍。

弘时所犯的政治错误，事发突然。雍正元年（1723年）八月十七日，雍正皇帝宣布了秘密立储的诏书，并告知王公大臣，储君名字被存放在正大光明匾的后面。当时，已经成年的弘时自觉大有希望。

弘时是个有心人，他经过细致观察，分析，发现了端倪。雍正元年（1723年）、二年（1724年），清廷大祭康熙景陵，派出的主祭人为弘历，这令弘时心里很不舒服；接下来，又发生了一件令弘时恼火的事件，去天坛祭天的时候，雍正皇帝特地将弘历留下，并赐给他一块胙肉。由此，弘时推断，正大光明匾后面的接班人名字不是自己，而是小自己七岁的弘历。

所以，弘时恼羞成怒，他立即站在反对派胤禩的一边，大肆公然攻击父皇雍正。雍正皇帝大怒，他直接将弘时过继给政敌胤禩做儿子，轰出了紫禁城，并且在雍正四年将胤禩撤去黄带，从玉牒除名。随后，也对弘时做了同样处理。

此时的弘时郁闷至极，在被除名一年半之后，弘时于雍正五年（1727年）八月初六死亡，年仅二十四岁。

弘时事件，严重影响了雍正皇帝与弘时母子之间的关系。弘时由宠爱而失宠，由失宠而遭惩，由遭惩而英年早逝，抑郁身亡。他的母亲李氏本来很得宠，皇帝很喜欢，最后却因为弘时事件而忤逆雍正皇帝，遭到冷落，封号再未上升。

而这个时候的耿氏，并未因为李氏地位的微妙变化而抬高了自己的地位，她不仅没有再生育，封号也还是裕嫔，没有丝毫起色。

三、乾隆时期：李氏暗淡退场，耿氏迎来"春天"

雍正十三年（1735年）八月，雍正皇帝突亡，乾隆即位，齐妃李氏的命运急转直下。李氏与乾隆皇帝生母孝圣宪皇后之间存在矛盾，当时的弘时与弘历争储，引发矛盾加剧。所以，乾隆继位后，李氏处境微妙。

老皇帝死了，李氏理应在乾隆元年（1736年）尊封为"太妃"，或更高的封赠；可是，这一切都没有发生。乾隆二年（1737年）四月初七，齐妃悄然去世。

此时，耿氏却是另外的境遇。

乾隆一即位，就下旨："今裕妃应封贵妃。"实际上，耿氏是以裕嫔身份，一跃而晋升为"贵妃"的。由裕嫔而晋升为贵妃，这就是二连跳了。乾隆四十三年（1778年），耿氏九十华诞，乾隆皇帝再将其尊封为"皇贵太妃"，封号无以复加。

耿氏最终逝于乾隆四十九年（1784年），终年九十六岁，她成为清宫第二长寿的老寿星，享尽人间荣华。

这两个女人，前后地位、命运如此变化之大，真是令人感叹不已。

四、盖棺定论：耿氏享皇贵妃之尊，李氏陪伴在旁

耿氏不仅长寿，死后，更是以皇贵妃至尊，位居园寝前排中央；而齐妃李氏，只能陪伴在一旁。

李氏与耿氏，在不同时期，命运发生了戏剧性的变化。这个转变，让她们尝尽了人间冷暖，个中滋味，无人知晓。

雍正和他的二十四位后妃

雍正皇帝的后宫里，一共有二十四位后妃，她们的最终结局都是怎样的呢？

一、陪葬帝陵

雍正皇帝的后宫中有两个女人得以和他合葬。要知道，与皇帝合葬那是莫大的殊荣，并不是所有妃子都能有这个待遇的，她们需要具备三个条件。

1.等级要够。清朝后宫分八个等级：皇后、皇贵妃、贵妃、妃、嫔、贵人、常在、答应。只有皇贵妃以上的后妃才可以与皇帝合葬，这一点非常关键。

2.要得宠。皇帝要喜欢，不喜欢，有的即使贵为皇后，也不可以进入帝陵。

3.要死在皇帝入葬地宫之前。因为皇帝地宫有四道石门，一旦皇帝入葬，就要关闭石门。按照"卑不动尊"的原则，石门就不可以再为谁打开了。

符合这些条件的，只有两个人：

一个是孝敬皇后乌拉那拉氏，她被雍正皇帝树立为后宫的典范。

孝敬皇后于雍正九年（1731年）崩逝，当时大臣们的震惊之态，从讷亲的一段奏疏即可知晓。"奴才讷亲谨奏：'窃奴才我突闻皇后主子宾天，怜悯哭泣，心内恍惚。奴才奉钦差外省，不得近怜圣主服侍，皇父如何忧劳，以致奴才不晓。以此

泰陵陵寝门

思之，奴才我福已尽矣；对皇父亦不得有宽慰之语。叩请皇父诸事详虑，抚慰圣躬，稍加节哀。奴才尚未办完事，不敢即刻启程，先行缮折奏请，伏乞圣鉴。为此谨奏。'"讷亲的表述虽有夸张，但从中我们可看出当时人们的震惊之态。

而雍正皇帝是什么态度呢？

首先是惊慌。雍正皇帝的谕旨之中，难掩慌乱之态："今年朕之运气为何至此？实有怨言。"他已经六神无主了。

其次是表达了诚意。他说："皇后崩逝，朕心震悼。此时即欲亲临含殓，大臣等以朕躬初愈，本日已经临视，不宜再劳，恳词力阻，朕勉从其请，暂停前往。"

含殓就是向死者口中塞"压舌"之物，这种事本是下人干的，但雍正皇帝想要亲临含殓，足见他的诚心。

再次是高度评价。《上谕内阁》这样记载："皇后那拉氏作配朕躬经四十载，奉事皇祖妣孝惠章皇后、皇考圣祖仁皇帝、皇妣孝恭仁皇后，克尽孝忱，深蒙慈爱，服膺朕训，历久而敬德弥纯，懋著坤仪，正位而小心益至，居身节俭，待下宽仁，慈惠播于宫闱，柔顺发于诚悃。"雍正皇帝的评价可谓中肯，也是极高的评价了。

既如此，那拉皇后的谥号也就非同小可了。雍正皇帝命礼臣为之恭拟皇后尊谥曰："孝敬皇后"，谥号全称为"孝敬恭和懿顺昭惠庄肃安康佐天翊圣宪皇后"。查阅谥法，"慈惠爱亲"曰孝；"夙兴恭事"曰敬，这是雍正皇帝对那拉氏的最佳褒奖。

乾隆二年（1737年），那拉氏与雍正皇帝合葬于泰陵地宫之中。

二是他的宠妃敦肃皇贵妃年氏。

年氏，湖广巡抚、后雍正朝太傅、一等公年遐龄之女，生年和其名历史均无记载。长兄为内务府总管年希尧，次兄为抚远大将军年羹尧。年氏是清朝首位汉军下五旗出身的贵妃、皇贵妃。雍正皇帝在藩邸时，年氏为侧福晋，康熙五十四年（1715年），生皇四女。康熙五十九年（1720年），生皇子福宜。康熙六十年（1721年），生皇子怀亲王福惠。雍正元年（1723年）五月，生皇子福沛。雍正元年（1723年）十二月，册封贵妃。雍正三年（1725年）十一月，年氏病重，晋封为皇贵妃。十一月二十三日，年氏薨于圆明园，谥号敦肃皇贵妃。

年妃去世时，泰陵尚未修建，直到雍正皇帝去世，泰陵地宫空无一人，所以，年妃能够进入泰陵地宫，其实是乾隆皇帝安排的结果。

乾隆皇帝此举，意在缓解前朝造成的政治压力，笼络各方，为己所用。比如"八爷党"骨干。"八爷党"，就是胤禩的党羽。乾隆皇帝先解决延信冤案，下令恢复延信子孙的宗籍，收入玉牒，赏给红带子；接着，解决苏努冤案，乾隆即位后，对于苏努的冤案，比照延信之例，恢复其子孙的宗籍，收入玉牒，赏给红带子；解决阿灵阿案，不仅恢复了阿灵阿父子的名誉，毁掉了羞辱的石碑，还将他们的子孙归入原来的旗籍；解决揆叙案为其恢复名誉，毁掉不雅墓碑。至此，胤禩集团的重要"罪犯"得以昭雪，尽享乾隆皇帝的宽仁之策。除此之外，"太子党"集团、年（年羹尧）党集团、隆党（隆科多）集团等等钦犯、要犯，也都从乾隆皇帝的仁慈政策中受惠。

对于"年党"集团，乾隆皇帝下旨道："文员自知县以上，武弁自守备以上，若有可用之才，保送该部，再加验看，拣选奏闻，候朕酌量降等录用。"

就是在这种情况下，年羹尧的妹妹，雍正皇帝的年妃，被乾隆皇帝葬进了泰陵地宫。

二、一枝独秀，独葬后陵

泰陵系列有一个皇后陵，那就是泰东陵。

乾隆即位后，准备把泰陵地宫关上，文武百官、王公大臣却纷纷上折子，说要给当今太后留个位置。人终有一死，太后无比尊贵，她自然是应该陪着先皇的。乾隆不敢做主，于是去请示了自己的母亲孝圣皇太后，皇太后霸气做出回应，降下谕旨："世宗宪皇帝奉安地宫之后，以永远肃静为是。若将来复行开动，揆以尊卑之义，于心实有未安。况我朝昭西陵、孝东陵成宪可遵，泰陵地宫不必预留分位。"乾隆皇帝是个孝子，他心领神会，于是为自己的母后开始了泰东陵的建设。

泰东陵坐落在河北省易县清西陵境内，位于雍正皇帝的泰陵东北约一千五百米

泰东陵前景

处的东正峪。因此陵位于泰陵之东，故称泰东陵。乾隆二年（1737年），泰东陵正式营建，约于乾隆八年（1743年）建成。泰东陵是清西陵三座皇后陵寝中规模最大的一座。

泰东陵与其他皇后陵相比，有三点独创之处。

1.典制大备

泰东陵黄瓦红墙，亭台楼阁，殿宇森然，俨如一派帝陵景象。隆恩殿月台上设铜鹿、铜鹤之制。在泰东陵之前建成的昭西陵和孝东陵，隆恩殿月台上只设铜炉一对，而泰东陵则又增设铜鹿、铜鹤各一对。很明显，这是仿照帝陵之制。此后建的各皇后陵改为设铜鹿、铜鹤各一只，成为定制。

2.陵中供宝

隆恩殿东暖阁内建了一层佛楼。在泰东陵以前建的皇帝陵和皇后陵，均无佛楼之设，这或许与孝圣宪皇后笃信佛教有关。此后，凡皇帝陵均建佛楼，皇后陵中则只有慈禧陵建了佛楼。

3.奢华的地宫

泰东陵内雕刻经文、佛像。以前总认为清代皇陵中，第一个在地宫内镌刻经文、佛像的是乾隆皇帝的裕陵。清宫档案记载，泰东陵地宫里也镌刻了经文、佛像。泰东陵早裕陵六年而建。这表明第一个在地宫内镌刻经文、佛像的不是裕陵而是泰东陵。清宫档案还记载，泰东陵地宫的地面不是用条石铺墁，而是用金砖铺墁。

三、集中葬妃园寝

泰陵妃园寝位于泰陵东，始建于雍正八年（1730年），葬皇贵妃一位，妃三位，嫔一位，贵人五位，常在七位，格格四位，共二十一位。分三排：

第一排葬五位，以纯懿皇贵妃为核心，宁妃武氏、齐妃李氏（生三个皇子）、谦妃刘氏（生皇六子弘曕）、懋嫔宋氏[雍正八年（1730年）卒]四位陪伴在两边。

第二排葬九位，从东往西分别是：马常在、那常在、海贵人、安贵人、郭贵人、李贵人、张贵人、李常在、春常在。

泰陵妃园寝宝顶群

第三排葬七位，从东往西分别是：张格格、苏格格、常常在、高常在、顾常在、伊格格、张格格。

这二十一位妃嫔的葬位遵循两个原则：一是看封号高下；二是看生育多寡。

她们或葬帝陵，或葬后陵，或葬入妃园寝之中。

嘉庆皇帝陵寝

嘉庆皇帝是靠老妈上位的吗？

对于嘉庆皇帝，大家心中也许会有个疑问，乾隆皇帝那么多皇子，为什么就相中嘉庆了呢？要回答这个问题，我们先来说说嘉庆皇帝的母亲。

说起嘉庆皇帝的母亲，那可是太有名气了，她就是《延禧攻略》中大名鼎鼎的魏璎珞原型。这对母子，可以说都是人生的大赢家。

嘉庆皇帝的母亲魏佳氏，是乾隆皇帝的最后一位皇后，即孝仪纯皇后，也是乾隆皇帝一生中最爱的女人。

魏佳氏出生在一个五品管领的家庭，而且还是包衣出身，所以，她入宫后，封号很低下，仅是一个贵人。这样的出身，使她在宫中小心翼翼，如履薄冰。也正因为如此，宫中的环境锻炼了她，使她练就了小心谨慎等处事性格。

在乾隆皇帝的眼中，魏佳氏是这样一位佳人：

柔嘉。乾隆皇帝一直认为，魏佳氏是一位性格柔嘉之人，乾隆十年（1745年），晋封魏佳氏封号，首次称她有"柔嘉之质"（《清列朝后妃传稿》）；乾隆十四年（1749年），乾隆皇帝再称赞她有"柔嘉之质"；乾隆二十四年（1759年），称赞她"居心柔嘉"（《清列朝后妃传稿》）；乾隆六十年（1795年），乾隆皇帝追赠她为孝仪皇后，称赞她"淑顺柔嘉"（《清列朝后妃传稿》）。可以说，在乾隆皇帝的眼中，魏佳氏就是一个柔嘉的女人。

年轻。魏佳氏出生于雍正五年（1727年），比乾隆皇帝小十六岁。这个年龄，在宫中非常占优势。因为，乾隆皇帝二十五岁做皇帝，之前与他结婚的女人，年龄也大体如此。而当乾隆皇帝做了二十五年皇帝以后，他已经五十岁了，那些与他早年结婚的妃嫔们也已经四五十岁了，而魏佳氏则刚刚三十几岁，正是一个女人最佳的年龄。

也正因为这样，魏佳氏在宫中备受乾隆皇帝的宠幸，有了更多的收获。

一是封号稳步上升。魏佳氏初入宫的时候，仅是一个地位低下的贵人，在后宫之中，位次是倒数的，根本无优势可言。经过她的努力，她的封号稳步上升：乾隆十年（1745年），被封为令嫔；乾隆十四年（1749年），晋升为令妃；乾隆二十四年（1759年），晋升为令贵妃；乾隆三十年（1765年），晋升为令皇贵妃。从魏佳氏的宫中封号，我们看出，她是扎扎实实的由"最基层"的贵人做起，几乎没有跨越任何一个等级，可谓稳中求进。到最终，她的封号已经是最高的了，因为到乾隆三十年（1765年），她晋封为皇贵妃的时候，皇后在第二年去世，直到乾隆四十年（1775年）魏佳氏去世，这十年的光景里，后宫之中没有皇后。

二是宠冠后宫。宠冠后宫的标志就是，魏佳氏与乾隆皇帝生育了六个孩子，这是很不容易的事情。因为，在乾隆皇帝的后宫之中，妃嫔成群，也有更年轻的女子，但只有她和乾隆皇帝生育最多。我们看看她的生育情况：乾隆二十一年（1756年），生皇七女；乾隆二十二年（1757年），生十四子永璐；乾隆二十三年（1758年），生皇九女；乾隆二十五年（1760年），生十五子颙琰，也就是嘉庆皇帝；乾隆二十七年（1762年），生皇十六子；乾隆三十一年（1766年）生十七子永璘。我们从魏佳氏生育的年份看，从乾隆二十一年（1756年）开始，乾隆皇帝四十六岁，魏佳氏三十岁，一直到乾隆三十一年（1766年），乾隆皇帝五十六岁，魏佳氏四十岁，他们之间保持了十年的生育期。由此可以看出，在这段时间里，魏佳氏宠冠后宫，是乾隆皇帝在这一时间里最爱的女人。

三是在"宫斗"中大获全胜。魏佳氏的对手是中宫皇后乌拉那拉氏。在后宫之中，那拉皇后的下面是她，地位是最近的了。可是，魏佳氏心气很高，她有更高的要求，就是想晋封为皇贵妃。清朝皇帝为了不给皇后压力，一般不设皇贵妃。尽管如此，魏佳氏还是想得到这个封号。乾隆三十年（1765年），在陪同乾隆皇帝南巡途中，在杭州的"蕉石鸣琴"，魏佳氏把这一问题提上了日程。皇太后、皇帝都支持她，决定晋升她为皇贵妃。可是，那拉皇后坚决抵制，最终竟然以剪发相威胁，结果那拉皇后被打入冷宫，魏佳氏终于如愿以偿，乾隆三十年（1765年）六月，晋封魏佳氏皇贵妃。乾隆三十一年（1766年）七月，那拉皇后黯然死去；魏佳氏大获全胜。

四是死后享哀荣。乾隆四十年（1775年），魏佳氏病逝，走完了她四十九岁的人生。她的去世，令乾隆皇帝非常悲痛。到乾隆六十年（1795年），乾隆皇帝禅位，做太上皇，魏佳氏的儿子颙琰（即嘉庆）即位，魏佳氏也母以子贵："著赠为孝仪皇后，升祔奉先殿。"（《清高宗实录》）魏佳氏的神牌被摆放到太庙、奉先殿和陵寝大殿，她的棺椁被安放到裕陵地宫。

嘉庆皇帝朝服像

再来看看嘉庆本人，嘉庆自己曾经说过"余赋性鲁钝"，就是说自己不聪明，很笨。可是，他赢了其他皇子，当上了皇帝。细细分析，嘉庆皇帝还是有自己许多独到的优势的：

一是年龄。乾隆皇帝吸取了康熙皇帝立储的教训，当年康熙皇帝二十二岁立两岁的胤礽为太子，老皇帝身体健康，太子着急了，导致后来被废。而嘉庆生于乾隆二十五年（1760年），与乾隆相差五十一岁，没有能力与父皇争位。到了乾隆三十八年（1773年），乾隆皇帝六十三岁，嘉庆十二岁，这个时候立储，就很合适了。

二是性格。嘉庆的性格柔和，大智若愚。他对乾隆百依百顺，乾隆对他并不怀疑。所以，到乾隆三十八年（1773年）冬至节，颙琰（嘉庆）被"高宗密建皇储"（《清皇室四谱》）。

嘉庆建皇陵，自己说了不算

　　嘉庆皇帝即位之后，仍是太上皇乾隆当家。

　　乾隆皇帝早年承诺："若蒙眷佑，得在位六十年，即当传位嗣子，不敢上同皇祖纪元六十一载之数。"嘉庆元年（1796年）元旦，乾隆禅位成太上皇帝，嘉庆即位。

　　但是，乾隆皇帝退位不让权，因此并不是真正的退位。

　　比如乾隆皇帝自己说："凡遇军国大事，及用人行政诸大端，岂能置之不问？"

　　比如宫内仍用乾隆纪元：六十一年，六十二年……

　　再比如皇帝居所，乾隆皇帝说："朕仍居养心殿，皇帝则居毓庆宫。"

乾隆皇帝像

所以，《朝鲜李朝实录中的中国史料》中说："侍坐太上皇，上皇喜则亦喜，笑则亦笑。"

除了太上皇之外，还有一个人让嘉庆皇帝身不由己，这个人就是和珅。

大家可能很奇怪，不就是一个和珅吗？堂堂皇帝，干吗要对他处处避让呢？

细数和珅的发家史，到乾隆四十五年（1780年），和珅三十一岁的时候，任户部尚书、议政大臣、御前大臣、领侍卫内大臣、四库全书正总裁、理藩院尚书；乾隆皇帝还为和珅长子赐名"丰绅殷德"，指婚为十公主额驸；和珅被赏戴双眼花翎。乾隆五十一年（1786年），任文华殿大学士。乾隆五十三年（1788年），任三等忠襄伯，赐紫缰。

和珅与乾隆皇帝不是一般的君臣关系，乾隆皇帝需要和珅，依赖和珅，和珅由此上升到"一人之下，万人之上"的地位，嘉庆皇帝岂能不让？

身不由己的嘉庆皇帝，事事听命于父皇不说，还要看其宠臣的脸色行事。就连理应由自己做主的建陵之事，也身不由己！

首先，选址上别人说了算。

昌陵的修建，开始就让嘉庆皇帝感觉不舒服。他的万年吉地不是他自己选择的，而是他父皇乾隆皇帝给安排的。

朝政大权把持在父皇手里也就算了，可是，选择万年吉地这样的事情，是应该嘉庆皇帝自己当家做主的。乾隆皇帝自己曾经说过："向例，皇帝登基后即应选择万年吉地。"这个意思是说，要皇帝自己亲自给自己选择万年吉地。但嘉庆皇帝即位时，虽然三十七岁了，却不能在建陵上做主。

在选择"风水宝地"这个问题上，乾隆皇帝干了越俎代庖的事情，嘉庆皇帝曾非常沮丧地说过："此吉地乃皇考赐朕之地。"（《清仁宗实录》）

嘉庆皇帝不敢违背父皇的安排，因为这是乾隆皇帝制定的家法——"昭穆之制"，也就是父子分葬制度。可是，清朝的皇帝并没有谁真正遵守"昭穆之制"。嘉庆皇帝之后，就有两个人破坏了这个制度。

1.道光皇帝：道光皇帝即位后，第一个破坏了这个制度，东拆西建，本来应该

昌陵前景

在东陵建陵，却找了个借口，在西陵修建了慕陵。咸丰皇帝虽然最终把陵寝建在了东陵，可是，在最初，他也曾经在西陵之内，选择过万年吉地。

2.慈禧太后：咸丰皇帝之后，同治皇帝即位后，胆大妄为的慈禧太后公然破坏了大清家法，把同治皇帝的陵墓建在了自己陵寝旁边。

其次，嘉庆皇帝在建陵物料的使用上也"身不由己"。

皇陵建筑，最关键的就是采集物料，砖瓦木石，都要选择最好的物料。而物料之中，最难采集的就是木料，尤其是金丝楠木。

要说建陵这样的事情，那可是大事，一定会倾尽国之全力来干这件事情，怎么会出现物料不足呢？

原来，按照计划，昌陵所用的木料，大件部分，比如三大殿的梁枋架木等都是金丝楠木。之所以使用金丝楠木，主要是这种木料性质稳定，彰显高贵。明朝时期，皇家修建的陵寝、庙宇等，大件木料都是金丝楠木。正是这个原因，明亡清兴，清朝的皇帝建陵时，也喜欢使用金丝楠木作为大件木料。可是，金丝楠木成材缓慢，生长期长，那些大件金丝楠木，成材至少也要百年以上。明清皇帝长期采伐，金丝楠木已经很匮乏了。而且，这种木料大都生长在四川广西云南贵州的深山密林之中，采伐和运输极为艰难。当时，人们采伐金丝楠木的时候，采木工人早上进去的时候，都要和家人做生死的离别。

木料短缺的事很快有了反馈结果，金丝楠木不够。怎么办呢？有人给嘉庆皇帝出主意，说这事好办，按照老祖宗的成例办就行了。嘉庆皇帝一听有成例，很高兴。可是，当他明白过来的时候，又很失望。

原来，大臣建议他采用"拆东墙补西墙"的办法，就是拆掉北京城所有的庙宇，把那些楠木料用来建陵。嘉庆皇帝想起来他的老祖宗确实做过这样的事情，当年修建顺治皇帝的孝陵时，由于金丝楠木极度缺乏，就是拆毁了北京城内的两座建筑——清馥殿和锦芳亭。这两座建筑，是明朝嘉靖皇帝进香的场所。顺治皇帝死后，急于建陵，拆除了这两座建筑，把那些金丝楠木构件用来修建孝陵。所以，大臣建议，故技重施，拆掉北京城内所有的庙宇，那些金丝楠木构件就够建陵用了。

嘉庆皇帝想，如果拆一两座建筑，能解决问题还好办，问题是要拆毁所有的北京庙宇，来满足自己建陵，那岂不是要得罪众神灵吗？那自己可要成为千古罪人了。再者，嘉庆皇帝对建筑的工艺也很清楚，不管什么物料，金丝楠木也好，松柏木也好，什么材质的物料，都要被油饰彩画所覆盖，有什么意义呢？所以，最后他下旨给承办大臣："向来，吉地殿宇俱系油饰彩画，木质不露于外，即易以松木，未尝不可。"（《内务府来文·陵寝事物》）

谁把昌陵搞成了"豆腐渣"工程？

贪污可能是嘉庆皇帝生平最讨厌的一件事，所以他一上台就把和珅抓了。可是，他万万没想到，自己也会遇"肘腋之患"。

在嘉庆皇帝昌陵营建过程中，发生了一起贪污大案，这个案子让嘉庆皇帝最为痛心疾首。居然有人敢在当朝皇帝的陵寝工程中贪污银两，胆子之大，令人发指。究竟是谁这么大胆，敢贪污皇帝建陵的银子呢？

这个大贪污犯不是别人，而是嘉庆皇帝的至亲，他的孝淑睿皇后喜塔腊氏的哥哥盛住。

皇后喜塔腊氏生于乾隆二十五年（1760年）八月二十四日，比嘉庆皇帝大四十二天，满洲正白旗人。来保是孝淑皇后的叔祖，其全族在乾隆六年抬入世管佐领，三代之后改为公中佐领。乾隆二十五年（1760年），喜塔腊氏的家族已经抬旗二十年了，所以她生下来就是上三旗满洲人。乾隆三十九年（1774年），喜塔腊氏进宫，被赐封为皇子永琰的嫡福晋，年十五岁。

乾隆四十五年（1780年），喜塔腊氏生皇二女；乾隆四十七年（1782年），生皇二子绵宁（即道光皇帝）；乾隆四十九年（1784年），生皇四女庄静固伦公主。

孝淑睿皇后碧玉册

乾隆五十四年（1789年），颙琰封为嘉亲王，喜塔腊氏成为嘉亲王福晋；嘉庆元年（1796年）正月初四，喜塔腊氏被册立为皇后。

嘉庆二年（1797年）二月，喜塔腊氏病逝；五月，册谥孝淑皇后。嘉庆八年（1803年）十月，入葬昌陵地宫。

对于盛住，嘉庆皇帝待他不薄。总想方设法照顾他："晋封孝淑皇后兄一等侯盛住三等公"（《清仁宗实录》），还令他管过很多部门，比如内务府、工部、户部。

嘉庆皇帝给盛住加官晋爵，由侯爵晋升为公爵，高官厚禄，可以说是给足了面子，按理说盛住应该知足，好好报答皇上。可是，盛住贪婪成性，其怙恶不悛的行为，让嘉庆皇帝极为失望。

早在嘉庆五年（1800年），盛住管内务府的时候，就把宫里面的玉器珍玩倒腾出来，变卖银两，贪为己有。被人告发后，嘉庆皇帝处置了盛住，免去了他的京官差使，委任他为西陵总管内务府大臣，专门操持自己万年吉地工程。可是，令嘉庆皇帝没有想到的是，盛住这一去，走上了不归路，他犯下了弥天大罪，多次侵贪陵寝工程款。

在陵寝的后山，有青、红、白三种颜色的标记桩，材质或木头，或石头，质地虽然不同，但作用是一样的，那就是在上面写着"皇家风水禁地，严禁入内"。任何人在"风水"界桩之内挖沙，取石，甚至打猎，采集果子等等，都是不允许的。这种规矩，连周围的老百姓都明白，看到这些标记，就要止步不前了，否则，被巡山兵丁发现，可要严惩不贷。但是，盛住不管那一套，他居然命人在"风水"禁地之内开塘取石，中饱私囊。这件事情，被人告发，嘉庆皇帝极为震惊。按照律例，本应该将其处斩。但是，嘉庆皇帝还是顾念孝淑皇后的亲情，把盛住流放到了乌鲁木齐，没有杀他。嘉庆十年（1805年），盛住死在了流放地。

盛住死了，嘉庆皇帝觉得对不住他，毕竟是死在了异乡。于是，嘉庆皇帝还给了盛住亲人一定的恤典，表达自己的眷眷亲情。嘉庆十三年（1808年），嘉庆皇帝接到举报，盛住在操持西陵工程期间，贪污白银九万两之多，并且还有记录的账簿。嘉庆皇帝怒火中烧，整个昌陵工程也不过两百万两白银，盛住竟贪污了九万两之多。嘉庆皇帝立即采取了断然措施。

第一，大骂盛住。盛住已于三年前去世，嘉庆皇帝还能怎么办呢？只能骂道："设使其身尚在，朕必亲为廷讯，加以刑夹板责，立正刑诛。"（《清仁宗实录》）意思是，盛住如果活着的话，我一定亲自审讯，要夹断他的手指，打得他皮开肉绽，再斩首示众。

第二，处死双福和鹤龄。这两个人是盛住贪污案的经手人，虽有"替罪羊"的嫌疑，但是，嘉庆皇帝没有手软，把不能对盛住施加的刑罚，全施加在这两个人身上，先刑夹，再打板子，然后处斩，两人受尽了折磨。

第三，处置盛住的家人。嘉庆皇帝下旨将盛住的三个儿子达林、庆林、丰林，和他的两个孙子崇喜、崇恩押赴刑场，跪在那里观看双福和鹤龄行刑时的全过程。之后，这些盛住的家人被发配到黑龙江和吉林效力赎罪。

由于盛住等人贪污办事，致使昌陵成了"豆腐渣"工程。

此后嘉庆皇帝不断接到举报，昌陵的工程质量有问题。

一是石像生拼凑。有人举报，万年吉地石像生有拼凑之嫌。嘉庆皇帝命人赶紧前往查验，结果发现石像生武士的头盔簪缨为拼接；石狮子脖子上的小铃铛为拼接；大象牙尖为拼接。

二是渗漏。嘉庆皇帝不断接到举报，说万年吉地的各个建筑，不断出现渗漏问题。这很严重，因为一旦建筑出现渗漏，就说明工程做法有问题，比如建筑的角度不对、对接不严密等等。另外，一旦出现雨水渗漏，建筑物就不坚固了。更让嘉庆皇帝难以接受的是，这种渗漏不是个别现象，而是众多建筑都不同程度存在着，比如神厨库、宫门、配殿、大殿、明楼等等。这让嘉庆皇帝感到非常震惊，这是他万万没有想到的事情。

三是糟朽，就是建筑物的木料出现糟朽。嘉庆皇帝在接到举报的同时，还接到了物证，一个封固的盒子。嘉庆皇帝打开盒子，看到的是一块碎木头。当他明白这就是万年吉地东配殿檐子角掉下的碎木的时候，他又一次惊呆了。嘉庆皇帝不敢相信，刚刚竣工五年的皇陵，居然会如此。他还接到报告，说万年吉地的建筑，已有多处出现油漆脱落，彩画脱落。

昌陵石像生

　　嘉庆皇帝实在无法相信，刚刚竣工五年的自己的万年吉地是一个地地道道的"豆腐渣"工程，这让非常自负又很自信的嘉庆皇帝简直难以接受。

　　所以，"肘腋之患"有多可怕，可谓防不胜防。

为什么嘉庆大碑楼修建等了十年？

在清朝，皇帝去世之后，新皇帝即位，就要做一件事情，他要为前面的老皇帝盖棺定论，书写碑文，歌功颂德。所以在嘉庆去世之后，就要由道光皇帝来给他写碑文。

道光皇帝一继位，就立即表态要建圣德神功碑。并在嘉庆皇帝入葬昌陵地宫后一个月，开始操持大碑楼工程，表示自己会尽快修建大碑楼，使父皇功德昭于世人。

可是，道光皇帝从道光元年（1821年）开始操持，一直到道光十一年（1831年）工程才告结束。谁也没有想到，以国家之力修建一座碑楼，竟然花了十年的时间，而其他皇帝在修建大碑楼的时候，一般用两至三年，最多不会超过四年的时间，为什么到了道光皇帝这里会这么慢呢？原因主要有三个：

第一，采料艰难。

大碑楼工程，和昌陵开始修建时一样，需要大量楠木。所以，采伐楠木、柏木是当务之急。道光皇帝向湖南、湖北等地下达任务。可是，当地面临着两大难题：一是要采用的木材成材慢，容易采伐的地方，已经没有了，而大件木料在深山密林之中；二是运输困难，那个年代，运送这种木材，只能使用水路，一般来说，要沿着长江顺江而下，再沿着运河北上。到达北京后，再运到西陵，这是很艰难的事。辗转需要很长时间。

第二，工程烦琐。

大碑楼工程分为三步。先修建碑楼，碑楼高达三十多米，重檐歇山顶，四面开窗，这只是工程量的三分之一。

接着，做石碑。做石碑也分好几步。先要做好两统大石碑，然后把重达三十几吨的大石碑竖立起来，竖立过程中要使用古代一种叫作天秤的技术，才可以完成。然后，在上面刻碑文。这些碑文要由道光皇帝亲自撰写，以示对嘉庆皇帝的尊崇。道光皇帝写成了两千五百九十七个汉字的碑文，再把汉文翻译成满文。然后找书法家书写碑文，书法家要找两个，一个书写汉文，一个书写满文。写完后，将碑文呈给道光皇帝阅示，看看有没有问题。一切准备好以后，再把碑文隆重送到陵寝，在

昌陵大碑楼

那里组织专业人员，敬谨雕刻。

最后，还有四角巨大的华表需要建筑。华表做完后，大碑楼周围大面积的海墁需要开槽，打桩，一层层垒砌，可以说工程浩大而漫长。

第三，道光皇帝有意拖延了大碑楼工程。

在大碑楼工程开始的时候，道光皇帝同时忙碌着另一件十分重要的事情，那就是在东陵界内选择自己的万年吉地，修建自己的陵寝，即宝华峪陵寝。这项工程也是非常浩大，道光皇帝力不从心了。道光七年（1827年），宝华峪陵寝工程完工，连同宝华裕妃园寝、公主园寝、神厨库等等重大工程全部结束，这个时候，道光皇帝才专心于父亲嘉庆皇帝的大碑楼工程。所以大碑楼工程拖了十年之久。

道光皇帝和他的"后妈"

嘉庆皇帝的孝和睿皇后钮祜禄氏，在嘉庆皇帝去世之后，成为太后。

钮祜禄氏出身名门之后，她是清朝开国元勋额亦都的后代，额亦都被努尔哈赤称赞为佐命开国的五大臣之首，是大清第一功臣，他的后代，当然就是名门之后了。但是，需要指出的是，钮祜禄氏的家境并不富裕。

钮祜禄氏出生于乾隆四十一年（1776年），比颙琰小十六岁。这样一个年龄，在后宫中是很占优势的。钮祜禄氏一入宫，就被封为侧福晋。嘉庆元年（1796年），钮祜禄氏册封贵妃，年二十一。钮祜禄氏在嘉庆皇帝一即位，就得到了这么高的封赠，位居中宫皇后之次，这在宫中是绝无仅有的特殊待遇。钮祜禄氏得到这样的封赠，主要是两个人起了关键作用：公公乾隆皇帝和丈夫嘉庆皇帝。毫无疑问，乾隆皇帝很喜欢这位儿媳妇，因为，这个时候，虽然颙琰已经继承了帝位，但还是乾隆皇帝说了算，尤其是这么高的宫中封号，那是要禀明乾隆皇帝的。当然，嘉庆皇帝对这位小自己十六岁的女人，也是宠爱不尽的。后来的发展证明，嘉庆皇帝很喜欢这个女人。

钮祜禄氏进宫后，深得嘉庆皇帝喜爱。嘉庆皇帝和她生育了三个孩子，这在嘉庆皇帝后宫之中，是最多的了。嘉庆皇帝一共有五个皇子，其中两个是钮祜禄氏所生。

除了嘉庆皇帝，太上皇乾隆对钮钴禄氏也很满意。乾隆皇帝先在嘉庆元年（1796年）将她册封为贵妃，为她以后晋升铺平了道路。接着，在嘉庆二年（1797年），孝淑皇后死后，乾隆皇帝力推钮祜禄氏，认为她非常优秀，完全胜任中宫皇后之责。不过，由于还没过皇后丧期，所以，先晋封为皇贵妃，等到丧期一过，再晋封为中宫皇后。这样，钮祜禄氏在皇后三年丧期过后，被册立为皇后。嘉庆皇帝崩逝后，道光皇帝即位，钮祜禄氏被尊封为皇太后，直到道光二十九年（1849年）薨逝，这个女人一共做了十九年皇后，二十九年皇太后。

道光皇帝即位后，是怎样孝敬钮钴禄氏这位"后妈"的呢？

1.迁居寿康宫。寿康宫南北三进院，占地约八千四百三十六平方米，正殿即寿康宫，坐北朝南，面阔五间，进深三间，黄琉璃瓦歇山顶，彩画按形制绘制为"龙凤和玺"，是彩画中等级最高的形式。皇帝每隔两三日便到此处行问安礼。乾隆朝崇庆皇太后（孝圣宪皇后）曾居住在这里。钮祜禄氏迁居寿康宫，意味着道光皇帝对她的尊崇。

2.屡上徽号。徽号又名尊号，顾名思义，是尊崇皇帝、皇后的称号。每逢遇有喜庆事，比如道光皇帝封皇后，平定新疆准噶尔叛乱，皇太后本人的六十、七十大寿等，钮钴禄氏都会被加上徽号，最后她的徽号达到十二字之多。

道光二十九年（1849年）十二月，钮祜禄氏去世，享年七十四岁。这个时候

孝和睿皇后像

的道光皇帝已经六十八岁，他悲痛至极，哀恸号呼，甚至水浆不进。道光三十年（1850年）正月，道光皇帝也去世了。有人说，是因为皇太后去世，道光皇帝悲伤过度而去世。

可是，这一切都是假象，实际上，道光皇帝表面上对皇太后很孝顺，但是却未给她建陵，相反，道光皇帝早早为自己修建了规模宏大的陵墓。

清朝最简陋的皇后陵，甚至不如妃子墓

皇帝给太后建陵，是为了表达自己孝顺而必须做的事。所以，作为新皇帝，一般先要给太后建陵以使其安心。

对于孝和太后，道光皇帝也应该为其建陵，因为那是他的太后。钮祜禄氏身体很好，她一直活到道光二十九年（1849年）十二月十一日，三十三天后，道光皇帝就去世了。也就是说，钮祜禄氏几乎伴随了道光皇帝终身。在将近三十年的时间内，道光皇帝有足够的时间，为太后营建陵寝，以解除她的后顾之忧。但是，道光皇帝并没有这么做。

道光皇帝为什么这么"不孝顺"呢？最主要的原因有两条：

第一，他们不是亲生母子。道光皇帝的亲生母亲是孝淑皇后喜塔腊氏，可是，她不长寿。嘉庆二年（1797年），丈夫刚刚继位两年，太上皇还活着呢，她就去世了，被葬进嘉庆皇帝昌陵地宫之中。嘉庆皇帝亲政后，在嘉庆六年（1801年），钮祜禄氏被册立为中宫皇后。嘉庆皇帝去世后，道光皇帝继位，钮祜禄氏仍健在，被尊为皇太后。但是，由于不是亲生母子，他们之间的关系很是微妙。

第二，母子间存在矛盾。道光皇帝与孝和皇太后之间的矛盾，源于储位之争。

要说这种矛盾的发生，还是由嘉庆皇帝引发的。在嘉庆四年（1799年）嘉庆皇帝先密立了道光为皇太子，接着，又在嘉庆六年（1801年）册立钮祜禄氏为中宫皇后，这就为以后埋下了矛盾之根。

大家想一想，一旦嘉庆皇帝去世，钮祜禄氏成为皇太后，地位最尊，她会拥立并非自己亲生的道光继位吗？关键是，道光这时还面临两个障碍。

首先，嘉庆皇帝没有立储谕匣。嘉庆二十五年（1820年）七月二十五日，嘉庆皇帝亡于避暑山庄，大家在慌乱之际，并没有找到嘉庆皇帝在嘉庆四年（1799年）秘密立储的谕匣。所以，王公大臣分成两派，有的同意道光继位，还有人不同意。要是有嘉庆皇帝的立储遗嘱，谁还敢说三道四呢？

其次，皇太后存有私心。孝和皇后有两个亲生儿子，一个是绵恺，一个是绵忻。嘉庆皇帝去世的时候，道光三十九岁，绵恺二十六岁，绵忻十六岁。孝和皇后当然希望自己这两个孩子继承皇位了。所以，当道光皇帝派人驰赴圆明园，要太后表态的时候，在迫不得已的情况下，才被迫拥戴道光继位的。

对钮祜禄氏来讲，道光做了皇帝，自己当然是寄人篱下了。虽然自己被尊为皇太后，道光皇帝也会按时前来问安，甚至在重大节日时，会给自己上徽号，以表达皇帝的孝顺。但是，那都是表面现象，都是做给他人看的，说明不了什么。而有一件事，是太后最关心的，也是她做梦都想做的事情，那就是选择自己的万年吉地，为自己百年后建陵，这是最大的事情了，也是检验皇帝是否孝顺的一块试金石。可是，道光皇帝却总也不解决太后的身后大事，不给太后建陵。

人在屋檐下，不得不低头。就连钮钴禄氏的儿子也跟着遭殃：绵恺曾遭到道光皇帝四次无情的惩戒。

第一次是绵恺因福晋遭惩。道光三年（1823年）正月，绵恺的福晋在宫中参加完活动后，在回王府时，理应走偏门，福晋却大胆走了中门，被人发现后，奏参给道光皇帝，道光皇帝下旨，罚绵恺王俸五年。太后闻知后，赶忙见道光皇帝为儿子求情，才得以部分宽免。

第二次是绵恺结交太监遭惩。道光七年（1827年），绵恺私自与太监交往。开

昌西陵大殿

始，绵恺看中了太监张明得，私下往来，结果，张明得到了升平署，关系也就断了。后来，绵恺又看上了升平署的太监苑长青，并把他带出了宫廷，在王府中私养起来。这件事被告发，绵恺起初不认账，内务府便在宫外抓住了苑长青。道光皇帝得到奏报，大怒，将绵恺由亲王降为郡王。

第三次是绵恺办皇差遭惩。这份皇差，就是为道光皇帝的孝慎皇后办丧事。

孝慎皇后，是道光皇帝的第二位皇后佟佳氏。嘉庆十三年（1808年），佟佳氏奉旨与绵宁成婚。嘉庆皇帝去世后，绵宁即位为道光皇帝，佟佳氏被册立为皇后。道光十三年（1833年）四月，皇后患病，二十九日病逝，道光皇帝立即委派亲王绵恺办理丧事。绵恺为了表示自己对皇兄的效忠，想通过大办皇后丧事来取悦道光皇帝，改变自己的处境。所以，他便格外卖力。在办理丧仪的行文中，出现了这样的词句："百姓如丧考妣，四海遏密八音。"（《清宣宗实录》）绵恺觉得自己办得不错。没想到道光皇帝非常生气，下旨惩戒绵恺："于义未协，退出内廷，罚王俸十年。"（《宣宗实录》）理由是他太张狂了。绵恺很是失望，没想到自己的一片热情，换来了皇帝的一盆冷水。

第四次是绵恺违制遭惩。道光十八年（1838年）五月，民妇穆氏向都察院举报，其夫穆齐贤被绵恺因故囚禁。都察院一看涉及绵恺，太敏感了，便把这件事报告给了道光皇帝。道光皇帝十分重视，命定郡王载铨和军机大臣穆彰阿查处这个案子。穆彰阿格外卖力气，取证人，找证据，最后总结出绵恺的三宗罪：一是收养戏子全顺、全禄；二是任意苛罚下属俸饷；三是在王府和寓园囚禁包衣、太监等下人。道光皇帝得到报告后，便除去了绵恺的一切差事，并革去王爵，重重地惩处了他。

绵恺多次遭到无情打击，心灰意冷，对前途失去信心，随之，他病了，半年后病故，年仅四十四岁。

就是在这样的情况下，道光皇帝与太后之间心生芥蒂，而皇太后虽然一直活到道光二十九年（1849年），却只能眼巴巴看着没有人给她选址建陵。做了二十九年的皇太后，没有人给建陵，心中会是一种什么滋味呢？

与此同时，道光皇帝不惜靡费巨资，先后为自己修建了三座陵寝。

一是王佐村陵寝。这座陵寝建于嘉庆朝，里面葬入了孝穆皇后。道光皇帝即位后，将其重新规划，扩大成为帝陵的规模。

二是宝华峪陵寝。朝臣一致反对在王佐村建陵，道光皇帝便在东陵又选建了陵寝，也就是宝华峪陵寝。这座陵寝规模宏大，应有尽有。妃园寝、公主园寝都建成了。但是，建成不久，道光皇帝即以地宫渗水为借口，将宏大的陵寝拆除，遗下了一片废墟。

三是建筑了规制独特的慕陵。道光皇帝拆毁了精心打造的宝华峪陵寝，派人在西陵又找了一处"风水宝地"："禧恩等于西陵红桩界内选勘万年吉地，朕本日亲临阅看形势，甚合朕意，著为龙泉峪。"（《清宣宗实录》）之后，就开始紧锣密鼓地修建了。

大家看看，道光皇帝为自己操持了三处规模宏大的帝陵，却不肯拿出银子来，为太后修建一处陵寝，这难道是孝顺吗？

　　道光皇帝去世后，咸丰皇帝继位。为孝和太后建陵的重担落在了他的身上。咸丰皇帝怎么办呢？

　　他也不愿意为孝和太后建陵，因为顾不上，他要忙着处理更重要的事：国葬道光皇帝；镇压太平天国（金田起义）；为自己选建万年吉地。

　　而且，咸丰皇帝也没有动力为孝和太后建陵，他与孝和太后也有矛盾：道光二十一年（1841年）正月十一日，他的母亲孝全皇后亡，有人说就是这个太后赐死的，使他失去了亲生母亲。

　　尽管很不情愿，咸丰皇帝总不能不安葬皇太后吧。就是在这种情况下，咸丰皇帝修建了规制简单的昌西陵。

　　1.裁掉了一些礼制性的建筑。首先，是帝后陵的专利——方城和明楼被裁掉了。皇后陵本是允许建方城和明楼的，明楼内的朱砂碑是用来雕刻皇太后名号的，裁掉之后，便无处书写陵名。所以，"昌西陵"这三个字在此处无法表达，只好委屈地雕刻在三座门的门楣上面。其次，裁掉了大殿周围的玉石栏杆和丹陛石。丹陛

昌西陵宝顶

石是帝后陵区别于妃园寝的最重要的标志之一，但居然被裁掉了。

2.缩减了一些建筑规制。昌西陵的隆恩门和东西配殿由原来的五间缩小为三间，隆恩殿也由重檐减成单檐。由于建筑体量缩小了，整个昌西陵的面积也就缩小了很多，相当于普通皇后陵面积的一半左右。

也正是由于此陵规制简单，工程仅仅用了一年半的时间，就结束了。这个陵寝最终开销四十四万八千两白银，甚至不如建妃子墓费钱。

嘉庆皇帝的"别样后宫"

嘉庆皇帝不像康熙、乾隆那样成功。但在他身上却发生了很多离奇又震惊的大事件。

比如：

1.嘉庆八年发生了震动紫禁城的"陈德行刺案"。陈德，镶黄旗人，家奴出身，曾于内务府服役，熟悉宫廷门禁、宫内路设及日常护卫情况。因生活窘迫，不满于现状，闰二月二十日这天，他混进大内，藏身于顺贞门前，待嘉庆皇帝御辇经过时，持刀扑上前去行刺，在场众侍卫一时竟都惊慌失措，目瞪口呆，只有一名御前大臣迎前拦挡，侍卫们才缓过神来蜂拥而上，陈德被俘，磔刑而死。

2.嘉庆十八年（1813年）九月十五日，又发生了一起震惊全国的"紫禁城之变"。这天，林清领导的天理教徒在太监的导引下攻打紫禁城，仅半日时间就直捣嘉庆皇帝居室养心殿，可惜消息不准，嘉庆皇帝当时不在宫中。当嘉庆皇帝得知此事后惊呼："我大清从前何等强盛，今乃至有此事。"更令嘉庆皇帝恼怒的是，把守紫禁城的官兵见有人来攻，竟然大开宫门逃之夭夭。

嘉庆皇帝感慨道："变生肘腋，祸起萧墙，实为汉唐宋明未有之事！"

嘉庆皇帝汉装行乐图

这个皇帝遭遇了并不平庸的种种事件。在他的后宫之中，会不会也遭遇不平常的事件呢？

皇帝的后宫，一般都是老婆多，子女多，争宠又争储。但嘉庆皇帝的后宫却是别样后宫，他的妃嫔和皇子们都很平静。

一、妃嫔平静

嘉庆皇帝的后宫可谓风平浪静，查遍史料，清十二帝的后宫中，只有嘉庆皇帝的后宫波澜不惊，平静得很。为什么呢？

1.妃嫔少。嘉庆皇帝活了六十多岁，妃嫔也就只有十九位，这与他的父皇乾隆皇帝对比，还不及一半呢。

2.封号低。嘉庆皇帝的后宫，除了皇后外，其他女人的封号大都低下。有的妃嫔即使生育了子女，封号也都只是嫔以下，属于中下等的封号。这一点有点像康熙皇帝的后宫。

3.嘉庆皇帝情商很高。嘉庆皇帝经常关心妃嫔的生活，尤其是妃嫔逝世后，他会做出超乎寻常之事。

比如：参加华妃侯氏的丧事活动。此华妃非彼华妃，嘉庆九年（1804年），在华妃金棺前，嘉庆皇帝亲临赐奠，这是前所未有的。

比如：参加庄妃王佳氏的丧事活动。嘉庆十六年（1811年），嘉庆皇帝居然先后两次参加了庄妃的丧事活动。不仅如此，当庄妃的金棺入葬地宫之时，他居然安排皇后参加了庄妃的下葬仪式。

嘉庆皇帝的所作所为，后妃们都看在眼里，所以，她们个个都比较安分。

二、皇子平静

皇帝最不省心的事情是皇子争储，一代圣主康熙大帝就是因为"九子夺嫡"而大伤脑筋，耗尽心血。嘉庆皇帝在这件事上很省心，皇子们没有争储的举动，也都很平静。为什么呢？

1.子女少。嘉庆皇帝有皇子五人，公主九人。皇子已经很少了，这在多妻多子的帝王后宫中，真是少得可怜。再加上皇长子早殇，只剩下四个皇子，是非自然少。

而他的九位公主中，只有三公主、四公主长大成人，其他七位公主都早早伤逝了。三公主、四公主同于嘉庆十六年去世，也只有二三十岁的年龄。

2.秘密立储制度起了作用。嘉庆皇帝在嘉庆四年（1799年）已经秘立储君，他的这几个皇子们也就没有竞争的想法。

所以，嘉庆皇帝的后宫一片宁静祥和，这在整个清朝历史上都是不多见的。

嘉庆皇帝完美的家庭

嘉庆皇帝在位时，清王朝开始由盛转衰，"康乾盛世"不再，但是难得的是，嘉庆皇帝的家庭却很完美。

首先，他及时册立了太子，也就是道光旻宁。

旻宁出生于乾隆四十七年（1782年），他的生母是孝淑睿皇后喜塔腊氏。乾隆三十九年（1774年），喜塔腊氏进宫，奉乾隆皇帝之命成为颙琰的嫡福晋。与颙琰结婚后，喜塔腊氏生育了二女一子，皇子就是旻宁。嘉庆元年，乾隆皇帝禅位，颙琰继位，喜塔腊氏成为皇后，旻宁就成了嘉庆皇帝嫡子。

乾隆皇帝非常喜欢这个孙子。乾隆五十六年（1791年），八十一岁的乾隆皇帝，率领文武百官，到威逊格尔围场行围打猎。这次，他特地带上了十岁的旻宁。旻宁这么小，就被老皇帝带出去见世面，说明他很是得宠。令人惊奇的是，小旻宁居然有出色的表现。旻宁引弓射箭，一举中鹿。乾隆皇帝大喜，当即赏给旻宁黄马褂和花翎。乾隆皇帝的这种做法，有很深的寓意：他对这个年仅十岁的孙子有所期待，进而加以勉励。

不过，不管旻宁多被乾隆皇帝看中，他是否能够成为将来的皇太子，不是爷爷说了算，而是由父皇说了算。

他的父皇是什么态度呢？嘉庆皇帝对自己的这位儿子也是比较满意的。

旻宁是一位文武兼长的人才，从小就显露出才华。文的方面，《清宣宗实录》中说他特别聪明，一目十行。虽然这种评价来源于官方，难免有溢美之词，但是，在《道光朝东华续录》也有类似的记载，这就不只是阿谀之词了。道光皇帝的文采确实不错，他写了好多诗文，还集结成集，出了诗集《养正书屋诗文全集》，收录了道光皇帝近三千首诗文；武的方面，旻宁更是很神奇，他八岁的时候，参加一次射箭比赛，用小弓箭连中两箭，在场的人都看得傻了眼。乾隆皇帝当即下令，如果能中三箭，就赏给黄马褂。旻宁张弓发射，一举又射中。

所以，我们可以这样认为，旻宁是被乾隆皇帝和嘉庆皇帝两位看中的"接班人"。这样，乾隆皇帝去世后，嘉庆四年（1799年）四月，嘉庆皇帝按照祖制，册立旻宁为皇太子。

其次，册立皇后。

嘉庆皇帝的第一位皇后是喜塔腊氏。嘉庆皇帝很喜欢她，不幸的是，这个女人很短寿，嘉庆二年就死了。嘉庆皇帝一面料理喜塔腊氏的丧事，一面再选择合适的皇后人选，于是钮祜禄氏进

道光皇帝像

昌陵方城明楼

入了他的视线。钮祜禄氏这个女人，在后宫之中，主要有以下优势。

第一，出身名门之后。钮祜禄氏是清朝开国元勋额亦都的后代，努尔哈赤曾称赞额亦都是佐命开国的五大臣之首，大清第一功臣，他的后代，当然是名门之后了。

第二，丈夫喜爱。钮祜禄氏出生于乾隆四十一年（1776年），比丈夫颙琰小十六岁。钮祜禄氏一入宫，就被封为颙琰的侧福晋。嘉庆元年（1796年），钮祜禄氏被封为贵妃。嘉庆皇帝对于这位小自己十六岁的女人，是宠爱不尽的。

第三，很不错的生育。钮祜禄氏进宫后，深得嘉庆皇帝喜爱。嘉庆皇帝和她生育了三个孩子。嘉庆皇帝一共有五个皇子，其中两个皇子是钮祜禄氏所生。

第四，太上皇很满意。太上皇就是她的公公乾隆皇帝，乾隆皇帝对于钮祜禄氏印象很不错，先在嘉庆元年将她册封为贵妃，接着，在嘉庆二年（1797年），孝淑皇后死后,乾隆皇帝力推钮祜禄氏,要进一步晋封她的封号。嘉庆六年(1801年)四月,孝淑皇后丧期一过,钮祜禄氏被册立为皇后。

嘉庆虽然没能避免"嘉道中衰",政局颓败、内外交困,但家庭的完满或许成了他最大的安慰。

道光皇帝陵寝

道光皇帝为什么放弃王佐村"宝地"？

道光皇帝在位三十年，不管是史料也好，文艺作品也好，对道光皇帝的节俭都有一定的记载或演绎。道光皇帝即位之初，在道光元年（1821年）正月初八日，就向天下颁布了他的《声色货利论》，阐述自己治国理政观点，其中，对自己的节俭观点做了全面而又深刻的诠释。道光皇帝在这篇论文中，从声色、货利两个方面，引经据典，论证了其中的害处，大力提倡节俭。强调要吝惜民脂民膏，对那些"多方献谀取巧，逢迎主意"者，要大加挞伐。《声色货利论》可以说是道光皇帝的执政纲领，并且声称要永远遵守，不会抛弃这个执政理念。

道光皇帝也身体力行，比如他穿补丁裤子；皇后生日只给准备了打卤面；力戒宫廷浮华；等等。

更为关键的是，在建陵这件大事上，道光皇帝依旧主张将就。他最初在王佐村建陵，因为这里有一座小陵寝，陵寝的主人是道光皇帝的嫡福晋，后来被追封为孝穆皇后的钮祜禄氏。王佐村在北京西南，是一处风景优美的宝地。这座陵寝的修建年代并不是道光继位之后，而是嘉庆年间。

钮祜禄氏，嘉庆元年被指婚，与只有十五岁的还是皇子的道光结婚。本来，道光是嫡子，皇后所生，将来很有希望继承皇位，可是，天有不测风云，嘉庆十三年（1808年）正月，钮祜禄氏突然生病，并很快病逝。钮祜禄氏尽管是道光嫡妃，却没有生育出一儿半女。但当时嘉庆皇帝并没有冷落这个儿媳妇，而是为她做了两件大事。

一是破例给这个女人使用金黄色。在那个年代，黄色是不准任意使用的。但是，嘉庆皇帝却特别下达旨意，"座罩用金黄色，等威区别，垂为令典"（《清列朝后妃传稿》）。嘉庆皇帝下令把这个内容载入典籍之中。这个谕旨，大出人们意料之外。

二是破例为钮祜禄氏建园寝。一般像这种事情，都是先暂安在某一地方，等皇子病逝，再赐地修建园寝。而对钮祜禄氏这个儿

道光皇帝朝服像

媳妇，嘉庆皇帝却为她精心选择"风水宝地"，并精心设计了陵寝的规制。嘉庆皇帝这么做，是因为早在嘉庆四年（1799年），嘉庆皇帝已经秘密立储，秘立道光为储君。这样的话，一旦天子驾崩，道光继位，钮祜禄氏就是中宫皇后了。所以，嘉庆皇帝为这个儿媳妇修建了王佐村陵寝。

王佐村陵寝的修建，从嘉庆十五年（1810年）到嘉庆十六年（1811年），历时两年的时间，修建得很得体，可谓应有尽有。陵寝建成后，钮祜禄氏得以入土为安。

但是，王佐村陵寝并没能建成帝陵。

因为在这里建陵寝，本来是嘉庆皇帝的权宜之计。嘉庆皇帝即使给儿媳妇修建了再好的陵墓，那也只能是权宜之计，将来道光继位，成为真正的天子，肯定会废掉王佐村陵寝，另外找吉地建陵。

孝穆成皇后像

何况在这里建皇帝陵是违背昭穆之制的。当年，乾隆皇帝下旨，不许到其他地选陵址，只准在东西陵里面权衡。关于陵寝的修建，早在乾隆年间，乾隆皇帝就已经立下了规矩。乾隆皇帝告诫他的儿孙们，以后的皇帝选择陵墓"风水"，只可以在遵化和易州两处选择，不可以到别处去。这是当年乾隆皇帝定下的规矩，也就是祖制，道光皇帝是很清楚的。

道光继位后，派出了戴均元、英和等朝廷重臣，前往王佐村勘察。道光皇帝给这些人一个任务，就是把王佐村陵寝改建成皇帝陵寝。戴均元等人来到王佐村，马上开展了辛苦的工作。他们勘察、测绘，又查阅史料，查阅典籍，最终得出了一个结论，这个地方不能成为道光皇帝陵寝。戴均元等指出，要将王佐村园寝改建为皇帝陵，需要大量拆迁。当时修建园寝的时候，规模不大，现在如果要改建为皇帝陵的话，需要拆迁周围大量的民间建筑，包括村庄、坟茔、庙宇等等。有些建筑要是拆除的话，还会犯忌讳，比如拆除庙宇，那里供奉的都是神灵。他们统计了一下，需要拆除的村庄达到二十多处，坟墓有四十多座。

最终，道光皇帝放弃了在王佐村园寝建帝陵的想法。

花费巨大的宝华峪陵寝为什么会被拆除?

很快,道光皇帝的建陵步入正轨,他按照乾隆皇帝"昭穆之制"的做法,来东陵选择万年吉地。

来到东陵后,道光皇帝命令戴均元等大臣带领"风水术士",在东陵界内选择"好风水"。道光皇帝在这些人临行前,嘱咐了一番,说了自己希望选择的标准:"总以地臻全美为重,不在宫殿壮丽以侈观瞻。"(《道光朝东华续录》)就是说,如果没有"好风水",宁可不去建陵。戴均元等人听了这句话,压力实在是太大了。于是,这群人踏遍了东陵界内的山山水水,最终找到了一处"风水宝地"——绕斗峪,报给了道光皇帝。

道光皇帝看到"绕斗峪"这个名字,心里感到别扭。后大笔一挥,改为"宝华峪"。

然后,就开始紧锣密鼓地施工。宝华峪吉地工程持续了六年的时间,到道光七年(1827年)工程结束。之前我们说过,为了建筑自己的陵寝,道光皇帝还把父皇嘉庆皇帝大碑楼的工程给耽搁了。

宝华峪陵寝设备非常齐全,有皇帝陵,妃园寝。这座陵寝以金星山为前朝山,

公主园寝

朝向、堂局都还不错。从神道碑、石像生、大殿、明楼、地宫等主体建筑看，规制
壮丽。在陵寝的旁边，还修建了妃园寝，留给他那些后宫的妃子们将来使用。建好
陵寝，道光皇帝把王佐村那里已经葬入地宫多年的孝穆皇后从地宫中启出来，运到
东陵宝华峪，并亲自参加了葬礼。

　　此外，还在东陵修建了公主园寝。端悯固伦公主园寝，是清东陵内唯一的一座
公主园寝。这里埋葬着道光皇帝的两个皇女和两个皇子，共四人。端悯固伦公主是
道光皇帝的长女，其母为孝慎成皇后，活了七岁。皇二女，其母为祥妃，只活了半
岁。皇二子奕纲，其母孝静成皇后，活了两岁。皇三子奕继，其母孝静成皇后，仅
活了一个多月。这姐弟四人，大的七岁，最小的只活了一个多月，道光皇帝却为他
们选择了一块很大的地方，单独修建园寝。

　　道光皇帝是真想将来葬在东陵的。可是，后来发生了一件意想不到的事情——

宝华峪陵寝地宫渗水了。

这件事情，是被一个保洁员发现的。当时，保洁员正在地宫里面做卫生，他发现地宫中有潮气，墙根有水痕，赶紧上报东陵守护大臣。守护大臣不敢耽搁，上报道光皇帝。道光皇帝一听，立即下旨，开启木门，到里面看看。这个木门，是临时封闭地宫的门，等将来道光皇帝去世，棺材葬入地宫，就要拆掉。道光皇帝派出了宗室敬征前往查看，敬征会同东陵守护大臣一起，奉旨打开地宫内木门，发现地宫金券内居然渗进了水。敬征把看到的情况上报道光皇帝。

道光皇帝接到奏报，火速来到东陵。道光皇帝来到地宫一看，积水竟然深达一尺半多，比敬征汇报的还严重，把棺材都淹了。道光皇帝非常气愤，如果自己死了，葬到地宫之中，那不就被水淹了吗？道光皇帝在万分气愤的情绪之下，做了一个令人匪夷所思的决定。

宝华峪道光陵遗址

首先，惩处承办大臣，但留有余地。毫无疑问，承办大臣受到降级、罚银的处罚。以寻常人看来，道光皇帝会杀人，因为地宫都渗水了。可是，让人意想不到的是，道光皇帝对负有重大责任的承修大臣戴均元却是网开一面："著免其死罪，并免发遣，即行逐回原籍，用施法外之仁。"（《清宣宗实录》）既不杀，又不罚，只是处置了一下。道光皇帝对戴均元的这种态度，真算是法外开恩了。

其次，拒绝补救措施。按理，宝华峪地宫渗水，道光皇帝唯一的办法就是补救。早年，乾隆皇帝的地宫也出现过渗水，就是采取了补救措施，这一点，道光皇帝是非常清楚的，因为他曾经参与过裕陵地宫渗水的补救工作。可是，现在自己地宫出现了渗水，道光皇帝却坚决拒绝了臣子提出的补救措施。另外，当有人提出来，如果不想使用宝华峪陵寝，那就在东陵其他地方再找，有的是"风水宝地"，道光皇帝的反应却极为冷淡。

就在大家不知所措的时候，道光皇帝做出了一个惊人的决定：拆除已经修建好的宝华峪陵寝，包括妃园寝。至于那些堆积如山的建筑弃料，道光皇帝也做了安排：拆下的木料，准备再建陵的时候使用；石料和砖料先放在附近，等候处理。就这样，道光皇帝精心设计，花费巨资修建的宝华峪陵寝，顷刻间毁于一旦。

道光皇帝在拆除宝华峪陵寝后，又做出一个惊人之举：离开东陵，到西陵去选择万年吉地。

道光皇帝第三座陵寝，虽简单花费却多

在西陵之内，道光皇帝又修建了一处陵寝，这处陵寝也可以说是历经周折，最终尘埃落定。

"慕陵"这个名字是他自己默定的名字。道光皇帝曾经说过这样一段话："敬瞻东北，永慕无穷，云山密迩，呜呼，其慕与慕也。"（慕陵石牌坊刻文）这段话，后来被雕刻在慕陵的石牌坊北面。这是道光皇帝在道光二十八年（1848年）亲自说出来的，并命令当时的咸丰把这段谕旨藏到隆恩殿东暖阁内。所以，石牌坊上面刻着"宣宗成皇帝朱笔"字样。这段谕旨里面，出现了三个"慕"字。所以，咸丰皇帝即位后，给道光陵定名字的时候，礼臣绞尽脑汁在那里苦想，到底叫什么好呢？咸丰皇帝突然之间想起了这段话，理解了父皇的初衷，于是把这座陵寝命名为慕陵。这是道光皇帝生前自己定下的名字。

慕陵的修建，充分反映了道光皇帝具有"矛盾"的性格特征。

第一，"风水"选择上的矛盾：既东且西，甚至还漫无目的。

道光皇帝派出了很多"风水术士"，在全国各地选择，当然，主要是在京畿周围。这些人到了很多地方，有丰润、蓟县、密云、房山、易州，唯独没有到遵化，

慕陵前景

不在东陵范围内选择"风水宝地"。按照乾隆皇帝的规定，以后的皇帝必须按照昭穆之制，该在哪儿就在哪儿。道光皇帝不能大张旗鼓、明目张胆地破坏祖制，于是，采取了左顾右盼，首施两端，声东击西的办法。其间充满了矛盾。

关于建陵地方，道光皇帝曾说过自己就想到西陵去，因为，那里有他的父皇母后，他要追随他们。所以，他这样写道："毋谓重劳宜改卜，龙泉想是待于吾。"（慕陵石幢御制诗）如果道光皇帝说的是真话的话，真的想到西陵去，就应该直接去西陵选择"风水宝地"好了，为什么他派出了强大的选择队伍，四处选择。这些人根本没有方向，用了一年多的时间，选出了很多地方。最终，道光皇帝都不满意，才选择了西陵界内的龙泉峪。他曾经这样说："且毗尺昌陵，得遂依依素志"，也就是说他到西陵，是去追随父皇的，这句话是要大打折扣的，这并不是道光皇帝的心里话。

第二，慕陵的建筑，既节俭又浪费。

经过五年的努力，慕陵陵寝建成。道光皇帝为了表现自己节俭的初衷，他向承办大臣传达了自己的意志，那就是要节省。承办者在陵寝建设中做了以下行为。

1.裁掉了一些建筑。比如裁掉了宝顶周围的方城、明楼、宝城等；裁掉了记载皇帝功德的大碑楼，还有二柱门、石像生等建筑。

2.缩小了建筑规制。比如地宫由九券四门缩减为四券二门。此外，大殿由五间缩小为三间，由重檐减到单檐；东、西配殿由五间减少为三间；宫门前面的三座拱桥缩减为一座桥；慕陵神道也不和泰陵主神道相连接；等等。

3.不搞内装修，不做彩画。彩画其实就是内装修，要在木结构上面，披麻挂灰做地帐，然后，在上面用各种颜料画出图案。陵寝一般是旋子彩画，显得庄重而大方。但是，慕陵的三座大殿没做任何彩画。

上述这些做法，包括缩减建筑数量和体量，节省建陵的银两。慕陵的修建，确实节省了一些银两。

慕陵宝顶

但是，我们细细研究，就会发现，这只是表象。实际上，道光皇帝精心设计的慕陵里面，充满了矛盾。

表面上看，慕陵的规制确实按照道光皇帝的要求，缩小的缩小，裁撤的裁撤，应该说节省了部分银子。可是，慕陵的最终花费却达到了两百四十三万两白银，不但比计划的两百四十万两多出了三万两，就是比乾隆皇帝裕陵和雍正皇帝泰陵所用银两都不少，这能说是节省吗？那为什么道光皇帝缩减了规制，银子却没少花呢？我们实地考察慕陵，就会发现其中的真相。

1.木料珍贵。一般皇帝陵所用的木料，大件木料大多是松木、柏木、杉木，因为这些木料采伐容易，生长期也短，并不是很昂贵。而慕陵的木料，三座大殿的主要木料，是一水儿的金丝楠木。金丝楠木的价格和松柏木相比，是不可同日而语的。

2.多了一架石牌坊。一般帝陵的三座门，就是简单的琉璃花门，而慕陵的三座门，却是高大而又高贵的石牌坊。在石牌坊的南面，雕刻"慕陵"满、蒙、汉三种文字；而在其北面，则雕刻了道光皇帝的一道谕旨。这架石牌坊采用木结构的建筑形式，完全用巨石构成一处三间四柱三楼的牌坊，牌坊上的瓦垄、吻兽、斗拱、椽飞、梁枋等虽不是木制，但雕刻技法与木雕无异。所以，这架以青白石料精心雕琢而成的石牌坊，工艺高超，技法匠心独运，其花费远非普通陵寝门可以比拟的。

3.建筑工艺复杂。一般皇帝陵的陵墙和三大殿的墙体，都是糙砖灰砌，而慕陵的陵墙和三大殿墙体，一律是工艺复杂的澄浆砖干摆，这种工艺比较复杂，费时。垒砌墙体的做法，是砖块与砖块之间看不见缝隙，墙体外面也不抹黄泥，这就要求工匠要细细磨砖，非常费时间。

把慕陵的建筑用银，再加上东陵宝华峪陵寝用银，恐怕在清朝，数道光皇帝建陵花费最大，最浪费了。

第三，不建大碑楼，却仍要树碑立传。

道光皇帝告诉儿子咸丰："陵寝断不可建立大碑楼，遽称圣德神功字样。"（《慕陵神道碑文》）这本来是一个很谦虚，又很明智的举动，可是，道光皇帝又不甘心，于是，他又这样叮嘱咸丰："如有撰述，可于小碑楼碑阴镌刻。"（《慕

慕陵陵寝门

陵神道碑文》）这不是矛盾吗？结果，咸丰皇帝不得不在神道碑上大做文章，南面刻上道光皇帝的庙号和谥号，北面镌刻父皇的"丰功伟绩"了。这种做法，在明清帝陵中，仅此一例。

　　慕陵的修建，体现了道光皇帝矛盾的心理。既要节俭，免得被后人诟病，又要修建自己理想的陵寝。最终，道光皇帝还是修建了一座花费巨资的陵寝。

道光皇帝的三位短寿皇后

道光皇帝有三位中宫皇后，但都先他而去世。

一、孝穆皇后（1781—1808年），终年二十八岁

孝穆皇后，钮祜禄氏，满洲镶黄旗人，道光皇帝原配妻子，一等公、户部尚书布彦达赉之女。

嘉庆元年（1796年）十一月，奉仁宗赐册，钮祜禄氏被封为皇子绵宁的嫡福晋，这一年她十六岁。

嘉庆十三年（1808年），钮祜禄氏和绵宁结婚十三年了，无子无女；嘉庆十三年（1808年）正月二十一日，钮祜禄氏逝世，年二十八岁。

嘉庆皇帝没有亏待她，相反，为她修建了宏达而体面的王佐村园寝。资料记载，从嘉庆十五年（1810年）至十六年（1811年），历时两年时间，耗银二十一万两，为其修建了带有碑亭的王佐村园寝。

道光皇帝对这个皇后也是情有独钟，嘉庆皇帝去世一个多月后，道光皇帝追封钮祜禄氏为皇后，她是清代第一位由嫡福晋追尊的皇后；定谥号为"孝穆"，反映出道光皇帝对她的认可。

可是，由于道光皇帝的陵寝三次变动，导致这位早逝的穆皇后灵柩多次迁徙。

孝穆皇后于嘉庆十三年（1808年）正月二十一日逝世，暂安于王佐村园寝。

道光七年（1827年）九月，殡宫自王佐村移葬，二十二日，正式入葬清东陵宝华峪万年吉地。

道光八年（1828年）九月，宝华峪万年吉地地宫渗水，道光九年（1829年）五月，将孝穆皇后梓宫由地宫中启出，暂安于宝华峪正殿。道光十五年（1835年）十二月，孝穆皇后梓宫迁葬入慕陵龙泉峪地宫。

二、孝慎皇后（1792—1833年），终年四十二岁

孝慎皇后，佟佳氏，满洲镶黄旗人，道光皇帝的第二任皇后，世袭三等承恩公、追封一等公舒明阿之女。

佟佳氏曾经受到两位帝王的宠爱：

嘉庆十三年（1808年）正月二十一日，皇二子绵宁（即道光皇帝）嫡福晋钮祜禄氏（即后来的孝穆成皇后）崩逝。在皇二子嫡福晋的"头七"刚过，嘉庆皇帝便下达上谕，要为皇二子选继福晋，虽然此时皇二子已有侧福晋富察氏（即后来的恬嫔），但嘉庆皇帝并未将这位侧福晋晋封为继福晋。最终，在当年便选了舒明阿之女佟佳氏作为继福晋，并于当年年底举行了婚礼。嘉庆十八年（1813年）七月初三，佟佳氏生绵宁长女。嘉庆二十四年（1819年）十月二十日，佟佳氏之女去世，虚龄七岁，嘉庆皇帝下旨追封其为郡主。

嘉庆二十五年（1820年）十二月，道光皇帝刚刚继位，就册封佟佳氏为中宫皇后，布告天下。可是，这个女人也不长寿，道光十三年（1833年），佟佳氏病逝，终年四十二岁。

从各方面记录来看，道光皇帝与孝慎成皇后的关系还是相当不错的，在孝慎成皇后崩逝之后，道光皇帝在上谕中说，孝慎成皇后"事

孝慎成皇后像

朕二十六年，柔嘉维则，孝敬无违。此宫中府中所共知者"。从孝慎成皇后崩逝的当天开始，道光皇帝几乎每天都亲自到孝慎成皇后在澹怀堂的梓宫前奠酒，释服之后，启奠礼、大祭礼、满月、两月、百日、奉移启奠、二周年等场合，道光皇帝也都亲自奠酒，前前后后，大致亲奠有五六十次之多，这在清代帝后的情况中是极为少见的，凸显了道光皇帝与孝慎成皇后的密切关系。

三、孝全皇后（1808—1840年），终年三十三岁

孝全皇后，钮祜禄氏，三等承恩公颐龄女，满洲镶黄旗人。她比道光皇帝小二十六岁。入宫后，钮祜禄氏一度宠冠后宫，成为令人侧目的人物。之所以得宠，除了年龄的关系外，还有她特有的气质。因为生长在苏州，那里的江南文人气息感染了她，使她聪明机警，心灵手巧，成为具有江南美女气质的满洲女子。所以，入宫之后，她的才智深深吸引了道光皇帝。

钮祜禄氏入宫后，在宫中的发展十分顺利。道光二年（1822年），晋封为全嫔；道光三年（1823年），晋封为全妃；道光五年（1825年），晋封为全贵妃；

道光十三年（1833年），晋封为全皇贵妃；道光十四年（1834年），册立为皇后。至此，钮祜禄氏仅仅用十二年的时间，就坐上了皇后位置。此时距离她的前任皇后孝慎成皇后去世，仅仅过去了十八个月。而清朝家法规定，皇后丧事为国丧，要过二十七个月，而钮祜禄氏晋封为皇后，提前了九个月的时间，可以说，这是一种特殊的恩宠。

道光五年（1825年），钮祜禄氏生下第一个孩子三公主。当年夏天，她再次怀孕，第二年，即道光六年（1826年），生下四公主。接连的生育，说明她在道光皇帝心目中的地位。尤其是道光十一年（1831年），生下儿子皇四子奕𬣞，也

孝全皇后与四阿哥图

是道光皇帝当时实际上的长子，母以子贵，钮祜禄氏地位日隆。

尽管钮祜禄氏非常得宠，道光皇帝十分喜爱她，但是，按照宫中惯例，只要中宫皇后健在，钮祜禄氏的宫中封号，只能到贵妃就结束了。可惜，道光十三年（1833年），中宫皇后佟佳氏一病归天，这一年，钮祜禄氏二十六岁，正是一个女子成熟的好年龄，所以，道光皇帝急忙在孝慎皇后丧期未满，就晋封她为皇后。钮祜禄氏儿女双全，幸福绕膝，而此时她正处于风华正茂的年纪，似乎有享不尽的福。

可是，天有不测风云，道光二十年（1840年）正月十一日，正当人们欢度春节之际，钮祜禄氏却亡于宫中，年仅三十三岁。

道光皇帝这三位皇后，孝穆皇后二十八岁去世，孝慎皇后四十二岁去世，孝全皇后三十三岁去世。这之后，直到道光三十年（1850年）正月，道光皇帝去世，再也没有册封中宫皇后。

一位只做了八天的太后

很多人都喜欢幻想，憧憬未来，道光皇帝的孝静成皇后博尔济吉特氏也不例外。

博尔济吉特氏一进宫，就产生这样的美好憧憬：得宠，生子，将来老皇帝去世，自己也还有着落。

博尔济吉特氏（1812—1855年），刑部员外郎花良阿之女，清文宗咸丰皇帝养母，议政王奕䜣生母。道光五年（1825年）四月初三，年仅十四岁的博尔济吉特氏进入皇宫，服侍道光皇帝，初赐号静贵人。之后，这个年仅十四岁的小女孩，迎来了她的黄金时代，道光皇帝非常宠幸她。咸丰皇帝即位之后，尊其为皇考康慈皇贵太妃，咸丰五年（1855年），晋尊为康慈皇太后。

博尔济吉特氏的前半生，是道光皇帝在世的时候，她备受宠幸，风光无限。

道光五年（1825年），赐号静贵人；道光六年（1826年）为静嫔；道光七年（1827年）为静妃；道光十三年（1833年）为静贵妃，时年二十二岁。

博尔济吉特氏为道光皇帝生育了三子一女，还流产一次。

道光六年（1826年），生皇子奕纲；道光九年（1829年），生皇子亦继；道光十年（1830年），生皇六女；道光十二年（1832年）生皇子奕䜣。

道光二十年（1840年）正月十一日，皇后钮祜禄氏崩逝于储秀宫，奕詝时年十岁，道光皇帝命二十九岁的静贵妃抚育皇四子奕詝。同年四月二十五日，晋封静贵妃为皇贵妃，十二月十七日，行皇贵妃册封礼。

道光皇帝去世，咸丰皇帝继位。博尔济吉特氏再次产生憧憬：咸丰皇帝虽然不是亲生子，但是，自己抚养他十年，养子继位也是一样，自己一样可以晋升为皇太后。

静贵妃像

道光三十年（1850年）正月，道光皇帝驾崩，皇四子奕詝继位。按说静贵妃对奕詝有十年的养育之恩，咸丰皇帝理应晋封静贵妃为太后。但是，咸丰皇帝没有这么做。直到咸丰五年（1855年）七月初一，康慈皇贵太妃病笃时，咸丰皇帝在奕䜣的逼迫下，才下诏晋尊康慈皇贵太妃为康慈皇太后，七月初九日，康慈皇太后就薨逝了，仅仅做了八天的太后。

孝静既然在咸丰五年（1855年）被尊封为皇太后，就应该为皇太后修建皇后陵，之前的皇帝都是这么做的。可是，咸丰皇帝没有为之建陵，而是采取了一个取巧的办法，把慕陵妃园寝改名为皇后陵。

咸丰皇帝在将妃园寝改造的过程中，是极尽心思。不建方城和明楼，不建丹陛石。他只是把原来的绿瓦换成了黄瓦，增加了东西配殿和石五供，在孝静宝顶周围垒了一道墙，与其他妃子之间的宝顶隔开，仅此而已。

按照惯例，皇太后的丧仪为国丧，全国致哀，皇帝为之隆重治丧。可是，咸丰皇帝在皇太后出殡西陵的时候，不亲自护送，后来，入葬陵寝地宫的时候，也不参加永安大典，而是委托他人办理。

谥号是对一个人的盖棺定论，古人非常重视。可是，咸丰皇帝在孝静的谥号上减少了字数。一般皇后谥号都是先上十二个字，以后由子孙加谥到十六个字为止。咸丰皇帝却只给上了八个字的谥号，比其他皇后少四个字。接着，咸丰皇帝不给孝静系宣宗的谥号"成"字，就是不称之为"成皇后"，这就使孝静的神牌不能进入太庙，因为不知道把她放在太庙的什么位置，这实际上是对孝静皇后极大的不敬。

为什么咸丰皇帝这么对待对自己有养育之恩的皇太后呢？原来，只因为一个人，那就是孝静的儿子皇六子奕䜣。奕䜣是道光皇帝第六子，比咸丰小一岁。他非常优秀，与咸丰相比，不仅身体好，而且才华横溢。立储的时候，道光皇帝在这两个儿子之间犹豫不决，最后确定咸丰为接班人。这里有一个故事：

有一年春天，万物复苏，正是打猎的好时节。道光皇帝带领众皇子到南苑去行围打猎，顺便考察他们的骑射能力。这可急坏了咸丰，因为他身体不好，若比起来，他肯定要败在六弟奕䜣手下。这时，咸丰的老师杜受田给他出主意，说到时候，你一枪也别发，一个动物也别打，皇帝要问起来，你就如此这般。果然，咸

奕䜣

丰依计而行，众皇子都有收获，奕䜣最多，只有咸丰两手空空。道光皇帝纳闷道："你为什么没有收获？"咸丰说："现在正是万物复苏的季节，好多鸟兽都已经怀孕了，我不忍心伤害它们。"道光皇帝一听，连连点头，觉得这个孩子很有仁爱之心，而这恰恰是天子应该具备的。所以，到道光二十六年（1846年），他六十五岁的时候，道光皇帝最终确定这个仁孝的咸丰为接班人，但同时他又觉得对不起奕䜣，便又封奕䜣为亲王，将之写进秘密立储诏书之中，这就导致咸丰对奕䜣这位曾经的竞争对手产生了猜忌心理。到孝静去世以后，

咸丰无情地处置了奕䜣："罢军机大臣及诸职任，仍在上书房读书。"（《清皇室
四谱》）

咸丰自己都当皇帝了，却让比自己小一岁的奕䜣去读书。终咸丰一朝，奕䜣都
没有得到重用，直到咸丰皇帝去世，临终托孤八大臣中，都没有奕䜣的名字。孝静
皇后是"沾了儿子的光"，咸丰皇帝把对奕䜣的嫉妒迁怒于她了。

光绪皇帝陵寝

被慈禧"控制"的小光绪

慈禧太后

对于光绪皇帝，很多人都会感叹他一生的不易。他做了一辈子的傀儡，他的婚姻不幸，身体不好，最后死因都成谜团。之所以这样，是因为他遇到了一个至关重要的人，这个人影响了他的人生，这个人就是大名鼎鼎的慈禧太后。

光绪皇帝与慈禧太后之间到底是一种怎样的关系呢？可以说，他们之间存在着两种截然不同的情感关系。

一种是亲人、亲情、感激的关系。

光绪皇帝与慈禧太后之间存在血亲关系，慈禧的妹妹是光绪皇帝的亲生母亲，也就是说慈禧太后是光绪皇帝的姨妈。光绪皇帝五岁入宫，离开了自己的亲生母亲，在慈禧的监护下成长起来。所以，光绪皇帝和姨妈慈禧太后之间关系极为紧密，慈禧很宠爱这个小外甥，千挑万选，让他继位。

光绪皇帝入宫之后，和慈禧太后生活在一起，所以，他的性格主要受到慈禧太后的影响。要说慈禧对于光绪皇帝，一开始还真是存有一份浓浓的爱意。

1.照顾他。光绪皇帝进宫的时候，身体不好，"脐间常流湿不干"（《四种纪略》），这是小孩子的一种毛病。有这种毛病的孩子，身体会特别虚弱。所以，慈禧会经常亲自给他擦拭。

2.哄他。慈禧在闲暇之余，也会注意和小光绪皇帝改善关系，主要是吸取了她和同治皇帝之间比较疏远的教训。她把光绪皇帝抱来，逗他玩，其乐融融。

3.教育他。慈禧还非常注意光绪皇帝的文化教育，从小就严格要求，教他读《四书》《诗经》，以及相关的书法、诗文等知识。

从这里，我们可以看出，慈禧有意想把光绪皇帝培养成才。慈禧当初的想法比较简单，就是一种母子之间的亲情。用她自己的话说："皇帝入承大统，本我亲侄；以外家言，又我亲妹之子，我岂有不爱怜者？"（《四种纪略》）慈禧的这番话，倒也是实话。

在陵寝这个问题上，慈禧也曾经为光绪皇帝认真选择过风水宝地。

在中国第一历史档案馆，保存着一张《金龙峪图》。《金龙峪图》描绘了金龙峪的风水形势，并且在下面做了一个标记："石柱系光绪十三年三月十四日立。"（《金龙峪图》）这里说得再清楚不过了，这处风水宝地，是在光绪十三年（1887年）选择，并做了志桩，做了标记。

还有一个证据，是一张保存在北京图书馆的图，名为《金龙峪金星宝盖图》，这张图绘于光绪十九年（1893年）。《金龙峪金星宝盖图》更加明确地指出了金龙峪风水的来龙去脉："西陵魏家沟，同治改九龙峪，光绪改金龙峪。"（《金龙峪金星宝盖图》）从这里，我们得知，这个地方，其实就是历史上的魏家沟，同治年间更名为九龙峪，光绪十三年（1887年），更名为金龙峪，确定为光绪皇帝的万年吉地。

　　顺着这条线索，我们查到了这次金龙峪风水活动的主人，正是慈禧皇太后。资料中这样记载："奉皇太后至九龙峪相度万年吉地工程，九龙峪在永福寺西北，东围墙外。吉地已定，更名金龙峪。"（《永宁山扈从纪程》）这段描述告诉我们，当时，十七岁的光绪皇帝陪着慈禧太后，来西陵选择万年吉地，陪同的人员还有光绪皇帝的老师翁同龢等人。这次西陵之行，"风水术士"选中了九龙峪这个地方，并请慈禧太后、光绪皇帝亲临阅示。大家看后，都表示赞同，于是，把这个地名进行了更改，由九龙峪更名为金龙峪。所以，资料说"吉地已定，更名金龙峪"。很明显，是说这次西陵之行，确定了光绪皇帝的万年吉地，所以才立桩做标记。

　　因此可以得出结论：光绪皇帝生前，确实选中过万年吉地。

　　慈禧太后和光绪皇帝的另外一层关系是仇敌和憎恨关系。

　　慈禧想控制这个小外甥。

　　慈禧不是一般的女人，她不会就这样把光绪培养起来，她一定未雨绸缪，万一这个孩子很优秀，长大成人，自己再想垂帘听政，就不那么简单了。于是，她一面关心他，照顾他；一面又想方设法控制他，奴化他。我们看看，慈禧都做了些什么。

　　第一，肉体上吓唬他。

　　1.呵斥。慈禧经常会因为一点儿小事情，就对光绪皇帝大呼小叫，有时候，把小光绪皇帝都吓尿裤子。

　　2.鞭笞。慈禧命人专门准备了鞭子，如果她发现光绪皇帝不听话，或是犯了小错误，便加以鞭挞。

　　3.罚跪。这是光绪皇帝最害怕的事情了。如果光绪皇帝犯了什么小错，慈禧就会揪住不放，夸大其词，借势大做文章，罚令光绪皇帝跪下，而且要长时间跪着。

　　4.每日必须问安。慈禧为了奴化光绪皇帝，特别规定，无论何时何地，必须每日问安一次。这是光绪皇帝每天必做的功课，无论春夏秋冬，从不间断。每天到太后那里，跪着请安问好，本是一种皇帝对太后的孝顺行为。但是，遇有特殊情况，不一定天天去。但慈禧却利用这个惯例，"大做文章"，以此来达到控制小皇帝的目的，这就完全不是皇帝孝顺太后的含义了。

5.出巡陪侍。按理，太后出巡，皇帝不一定陪侍。可是，慈禧规定，只要她出巡，光绪皇帝必须到场，以此来震慑他。慈禧通过这样一种方式，向人们传达一种信息，她才是大清国的主人。

慈禧通过这些体罚措施，彻底控制住了小光绪皇帝："皇上见西后如对狮虎，战战兢兢，因此，胆为之破。"（《戊戌政变记》）

第二，精神上控制他。

这种控制是最重要的，也是最根本的控制，所以慈禧非常重视，绞尽脑汁。

慈禧深知，要彻底控制住光绪，就必须要他远离亲生父母，切断他们之间的联系。这是很残忍的事情，但是慈禧毫不含糊。慈禧不允许光绪皇帝母子频繁见面，即使见面，也是匆匆忙忙，丝毫不敢亲热，光绪皇帝的生母甚至不敢给他东西吃。慈禧要让光绪皇帝从小就知道，她才是光绪皇帝的亲生母亲。面对这样的局面，光绪皇帝的母亲常常暗自落泪。后来，她干脆不再进宫，免得伤感。

至于光绪皇帝的父亲奕譞，则更是小心翼翼，他把在朝廷的官都辞了，唯恐被慈禧猜忌。光绪皇帝一即位，小心谨慎的奕譞就匆忙上折，表达对慈禧的忠心。就连慈禧赏赐给他的杏黄轿，都不敢乘坐。

慈禧为了从精神上控制光绪皇帝，竟然别出心裁，要光绪皇帝叫她亲爸爸。慈禧特别叮嘱光绪皇帝身边的太监和宫女，向他灌输慈禧是他的"亲爸爸"。这种局

光绪皇帝朝服像

面，直到光绪皇帝长大、亲政、成年、结婚，都没有任何改变。慈禧作为一介女性，居然要求天子称她"亲爸爸"，光绪皇帝没有选择，只好这么叫。

慈禧通过种种肉体、精神上的控制，使得光绪皇帝非常怕她。毫无疑问，光绪皇帝长期被一种威严、冷酷、严厉所震慑、压迫，使他产生出一种孤僻、多疑又很固执的性格特征。所以，光绪皇帝对慈禧太后的感情很复杂。

1.感恩。感激的是慈禧让自己当了皇帝，并倾注了养育之恩，教育之情。光绪皇帝感激慈禧在同治皇帝崩逝之后，把自己带进宫里，做了清朝入关以后第九位帝王。否则的话，他作为一个宫外小皇亲，是无论如何也没有机会做皇帝的。

2.憎恨。憎恨的是慈禧对他的横加干涉。在婚姻上，慈禧让自己的亲侄女做皇后，而光绪皇帝最爱的珍妃，却被慈禧无情处死，使得光绪皇帝悲恸欲绝。

在政事上，慈禧干涉变法，处死了戊戌六君子。光绪皇帝被囚禁瀛台，之后又被迫与太后一起临朝，成了慈禧训政的陪衬，光绪皇帝倍感无奈。有时，他也极力发表意见，但却不能实现意志；西逃归来，本想重振雄风，却再度被囚禁，这令光绪皇帝一次次失望。变法失败后，慈禧又立了大阿哥，随时准备把光绪皇帝废掉，这令光绪皇帝没有了安全感。

光绪皇帝在同治皇帝死后的1875年入宫，五岁做了皇帝，这一年，慈禧太后四十一岁。光绪皇帝在宫中生活了三十四年，也是慈禧太后专制的三十四年。期间，光绪皇帝由一个不懂事的幼儿，成长为一位有志青年，有慈禧的心血，也有朝臣的努力引导，更有自身的性格所致。所以，光绪皇帝对慈禧太后有两种截然不同的情感，一面感激，一面憎恶，复杂至极。

"万人嫌"的金龙峪成了光绪最后的"居所"

崇陵被确定为光绪皇帝的陵寝，过程非常迅速、惊人，前后仅仅用了五十天时间。一般来说，确定皇帝的陵寝需要几年的时间。这么迅速地定下陵寝，为什么呢？

光绪皇帝崩于三十四年（1908年）十月二十一日，由于他和慈禧太后的关系紧张，建陵大事一直没人敢提。光绪三十四年（1908年），光绪、慈禧相继去世，朝廷把万年吉地确定在金龙峪这个地方，十二月十四日就下了这样一道谕旨，"金龙峪，谨定为崇陵，即行择吉兴工。"（《宣统政纪》）陵名确定了，很快开工建设了。

但金龙峪的"风水"真的有问题。这是一处屡屡被人抛弃的"风水"。考证资料，金龙峪在历史档案中频频出现。清朝历史上，很多皇帝都曾经光顾过这里。

一是乾隆皇帝。大家可能会问，乾隆皇帝不是在东陵吗，他来西陵干什么？要知道，乾隆皇帝即位的时候，并不知道自己将来在哪里修建自己的陵寝，因为他的父皇雍正皇帝在西陵建了泰陵。所以，乾隆皇帝最初是想在西陵选择万年吉地，实现子随父葬的愿望。乾隆三年（1738年），乾隆皇帝的端慧皇太子病逝，于是，乾隆皇帝派人来到西陵域内，为皇太子选择吉地。"风水官"来到西陵之后，很快就相中了魏家沟这个地方，就是后来的金龙峪，赶紧上折子，"端慧皇太子园寝，应于魏家沟地方建造"。乾隆皇帝接到奏报，进行了激烈的思想斗争。他想起了自己最为尊崇，最为尊敬的爷爷康熙大帝。康熙皇帝在东陵呢，我真的要在西陵建陵吗？乾隆皇帝陷入了深思，后来，他降旨给大臣们，放弃了在魏家沟建陵的愿望。由此，金龙峪第一次被抛弃。

二是道光皇帝。东陵宝华峪地宫渗水后，挑剔的道光皇帝到处选择"风水"。"风水术士"们在西陵找到了很多宝地，其中就有魏家沟。道光皇帝把西陵的"风水宝地"说帖看了个遍，反复比较，最终选择了龙泉峪。这样，金龙峪第二次遭到抛弃。

三是咸丰皇帝。咸丰皇帝一开始，在咸丰元年就在东陵界内选择，也看了几处"风水宝地"。咸丰二年（1852年）二月，咸丰皇帝又到西陵界内，来到了魏家沟这个地方。他先是听了"风水先生"的汇报，说如何如何好，便禁不住诱惑，亲临魏家沟，登到山顶阅视。心里面对魏家沟留下了一些印象，但是，经过几年的反复权衡，纠结之后，终于在咸丰四年（1854年），把万年吉地确定在了东陵界内的平安峪。至此，金龙峪第三次被抛弃。

四是慈禧太后。同治十三年（1874年），同治皇帝病逝，年仅二十岁。由于生前没有选择"风水地"，慈禧太后便派出醇亲王奕譞去西陵选择，醇亲王奕譞相中了金龙峪这个地方。与此同时，也派人在东陵范围之内选择。到底要把同治皇帝的万年吉地安排在哪里呢？在东陵还是在西陵？大家不敢做主。于是，在光绪元年（1875年）二月，王公大臣来到养心殿，请示两宫太后。《翁同龢日记》中记录下了这一史实："两邸奏对，语极多，恭邸语意，偏重东边，且谓：'以理，则九龙峪固佳；以情，则臣下不敢言。'圣意遂定双山峪。"这段话里面，很清楚记载了恭亲王奕䜣的主见，如果按照大清家法，那就是西陵的金龙峪。可是，霸道专横的慈禧太后，竟然徇于母子私情，把同治皇帝的万年吉地定在了东陵境内的双山峪。这样，金龙峪第四次遭到抛弃。

　　在这里，我们看到，虽然金龙峪宝地多次被人抛弃，但还是有两次被选中。一次是光绪十三年（1887年），慈禧太后给光绪皇帝确定了金龙峪万年吉地；一次是光绪皇帝去世，宣统皇帝把金龙峪再次确定给光绪皇帝作为万年吉地。按理，两次选中的"风水宝地"应该尽善尽美。从表面看，金龙峪肯定不错，不然，那么多帝王为什么会频频光顾呢？可是，接下来发生的事情，就让人对金龙峪的"风水"大失所望了。为了加快工程，使光绪皇帝早日入土为安，朝廷加快了崇陵的工程进度。施工人员进驻现场，赶紧开槽，打地基，紧张的工程建设开始了。工程中，最基础的工作，是开槽。在开槽的过程中，工程人员大吃一惊，金龙峪地基原来非常糟糕。

　　金井地基糟糕。金井，其实就是穴位，是将来光绪皇帝棺材压住的地方。金井非常重要，最基本的要求是，在开槽的时候，这里必须是紫色土，绝对不能出现砂

崇陵地宫

崇陵前景

石，不能出现水，如果出现了其中的一种，那就要废掉，否则，不仅将来地宫坚固会受到影响，还可能出现地宫渗水，把棺材给淹了。令人失望的是，金龙峪金井在开槽的时候，不仅出现了巨石，还发现这里很有可能会出现水，这真是犯了两大忌讳。

方城地基糟糕。方城，就是明楼的墩台和基础，在方城基础上建起来的明楼是整个陵寝的制高点。将来要在明楼上悬挂一块匾，上面用满、蒙、汉三种文字书写"崇陵"字样，因而，明楼是一座非常重要的建筑。由于这里是方城和明楼的综合建筑，明楼之内，还需树立一块大石碑，上面书写"德宗景皇帝之陵"，所以，方城的地基必须要稳固扎实。可是，在开槽的时候，却发现这里的土质含有大量的砂石，将来建筑方城和明楼是很困难的事情。

隆恩殿地基糟糕。隆恩殿就是大殿，是存放光绪皇帝神牌的地方，也是人们祭祀光绪皇帝的主要活动场所。这个建筑，要建成重檐歇山顶，五开间，体量很大，需要坚固的地基。可是，开槽的时候却发现整个大殿的土质，就是松散的砂石，打桩的时候，很不稳固。

　　小碑楼地基糟糕。小碑楼就是神道碑亭，重檐歇山顶建筑，里面竖起一通石碑，上面用满、蒙、汉三种文字，书写光绪皇帝的庙号和谥号，可以说是对光绪皇帝的盖棺定论，是很重要的一座建筑。可是，开槽的时候，发现这里地下不仅含有砂石，对将来地基稳固有很大影响，更加糟糕的是，这里地势低洼，打出了水。

　　牌楼门地基糟糕。牌楼门在小碑楼的南面，施工人员在这里开槽的时候，遇到的情况，几乎和小碑楼一样，而且，由于地势更低，也出现了水。工程人员赶紧把这里的地基情况汇总，整理上报朝廷，说明在金龙峪这个地方，出现石头，出现砂子，出现了水。这些现象，在那个时代，会认为是极不吉祥的事情，出现任何一种情况，都不能再用了，何况出现了这么多糟糕的事。而且，经过全面勘察，不是小面积有问题，从北向南，几乎所有的地方都有问题，都不能开工建设。

　　情况上报到朝廷，当时最关心这事的就是隆裕太后了，因为这是他们家的陵寝啊。她心里犯了嘀咕。当时的清王朝正处在辛亥革命的前夜，民国革命炮声隆隆，大清王朝摇摇欲坠，正处在暴风雨的前奏。所以，隆裕太后也是一筹莫展，在万般无奈之下，朝廷还是下达了开工建设的谕旨："即著承修大臣妥筹善法，以期巩固而昭敬慎。"（《宣统政纪》）

　　而在一处弃地上建陵，结果会怎么样呢？

隆裕皇后为光绪皇帝建崇陵

孝定皇后朝服像

清朝共历十二帝，努尔哈赤、皇太极、顺治、康熙、雍正、乾隆、嘉庆、道光、咸丰、同治、光绪和宣统。光绪皇帝是倒数第二任皇帝，他去世后，宣统帝继位，仅仅经历了三年的时间，辛亥革命爆发，推翻了腐朽的清王朝，也结束了中国历史上的封建社会。

光绪皇帝不是末代帝王。他去世之后，朝廷尚在，清王朝仍旧会按照规矩为之选建万年吉地。明朝末帝崇祯帝，在李自成农民军的隆隆炮火中，仓皇出逃，吊死煤山，都没来得及建陵。李自成农民军只好将崇祯帝、后葬入田贵妃的墓中。这种形势下安葬的崇祯帝棺椁简略，一开始用的是柳木棺，后来改成红漆棺。就连所用的银两都是百姓捐助的，寒酸至极。

光绪皇帝去世之后，按照慈禧太后的遗命，溥仪继位，叶赫那拉氏垂帘听政。依宣统皇帝之命被尊为隆裕皇太后。宣统皇帝登位时年仅三岁，因此由太后抚养。同时隆裕太后也实行垂帘听政，和摄政王载沣（宣统帝生父，光绪皇帝之胞弟）共同主掌风雨飘摇的清王朝。

按照规定，隆裕太后将来是要与光绪皇帝合葬同一地宫之中的，也就是说，光绪皇帝的陵墓就是隆裕太后的陵墓，所以，她一定会倍加重视，积极筹划。果然，光绪皇帝死后，朝廷马上下了一道圣旨，派人到东陵、西陵去给光绪皇帝选择万年吉地。

崇陵地宫石门

朝廷最终选定了吉地，并修建了非常壮观的陵寝。

1.完全按帝陵规制。崇陵前朝后寝，黄瓦红墙，亭台楼榭，地宫九券四门，帝陵气势犹在。这与崇祯皇帝的思陵有着天壤之别。清崇陵的建筑物数量与规模，完全依照同治皇帝的惠陵。虽不如雍正、嘉庆的陵墓那样庞大，没有大碑亭、石像生等建筑，但它除继承清代建陵规制，参照咸丰皇帝的定陵、同治皇帝的惠陵的风格外，又吸收了古代建筑技术的某些精华，具有它的特色。

2.用料比较考究。隆思殿木料均为珍贵的楬楠木，质地坚硬无比，用这种木料制作一把普通太师椅，重量会高达百余斤，所以隆恩殿被誉为"铜梁铁柱"，且梁架之间增加了隔架料，既能托顶，又能使殿内更加美观。

3.龙纹赫然在目。无论是丹陛石，还是望柱头，上面均有龙纹缠绕，王气十

崇陵丹陛石

足。隆恩殿内的四根明柱，底部有海水江涯图案，柱身为一条金龙盘绕向上，较其他帝陵的宝相花更加富丽堂皇。殿内彩绘鲜丽，殿前的龙凤石，雕刻精巧，有立体感。因崇陵建成距今时间不长，保存比较完整。